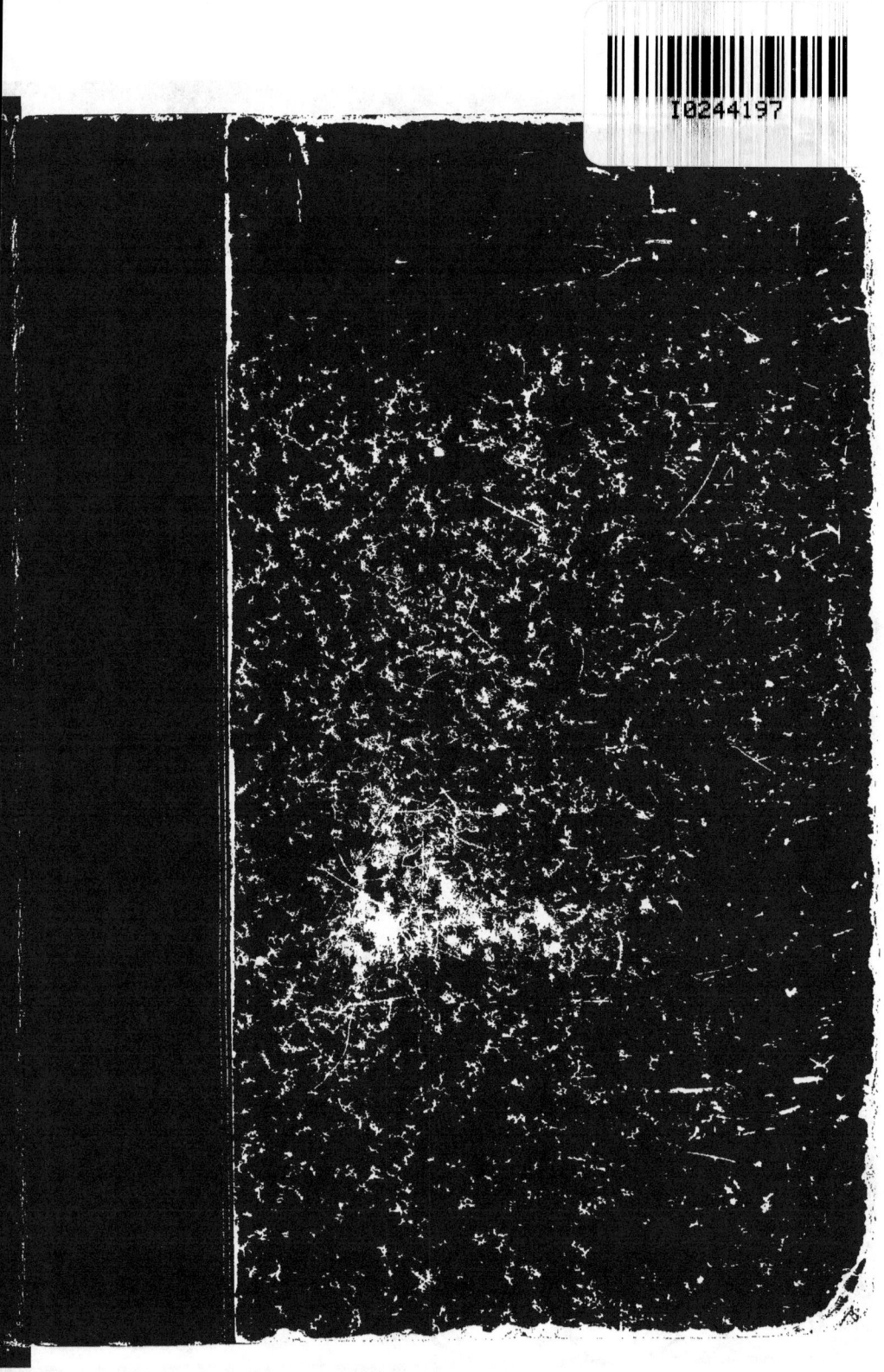

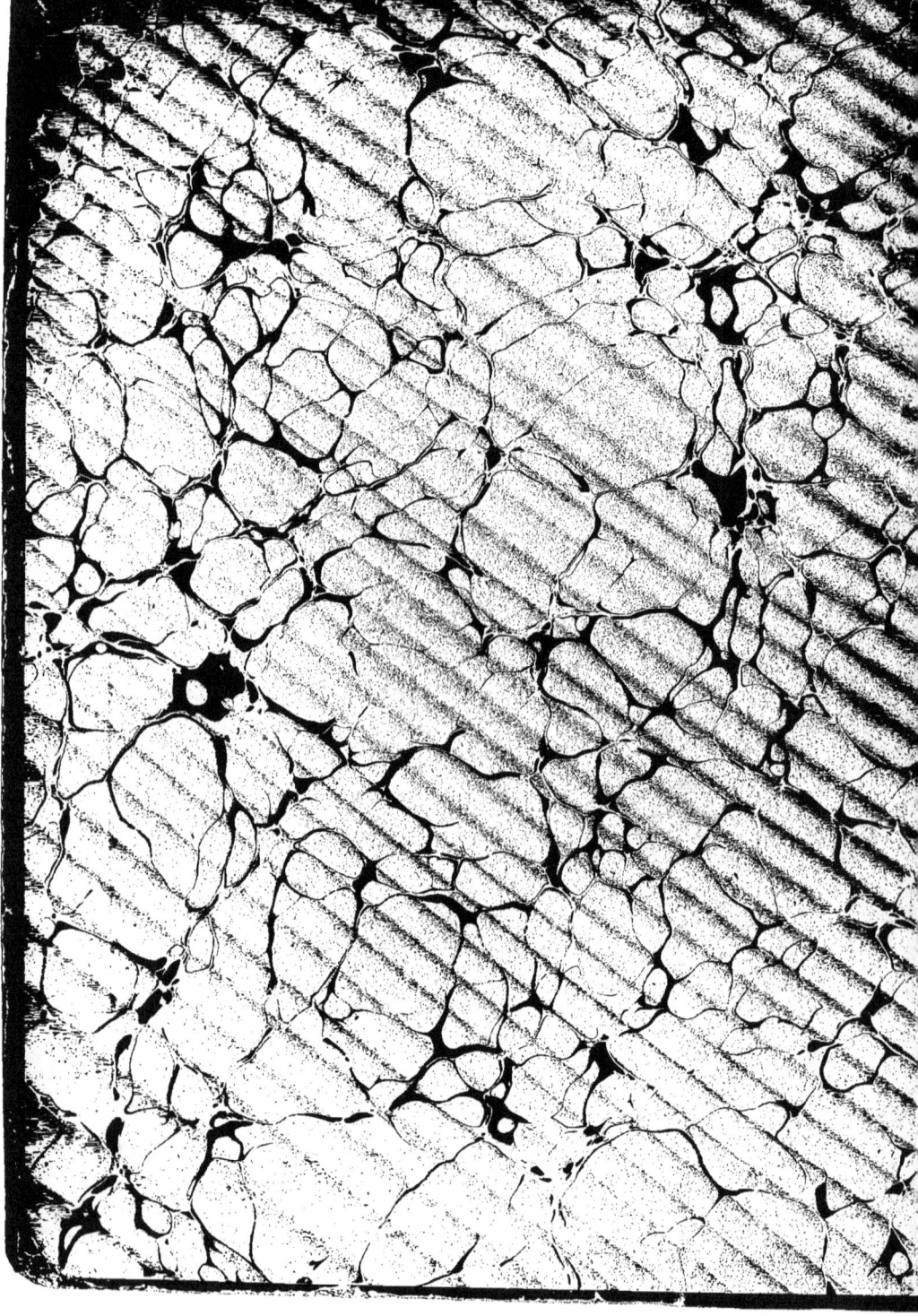

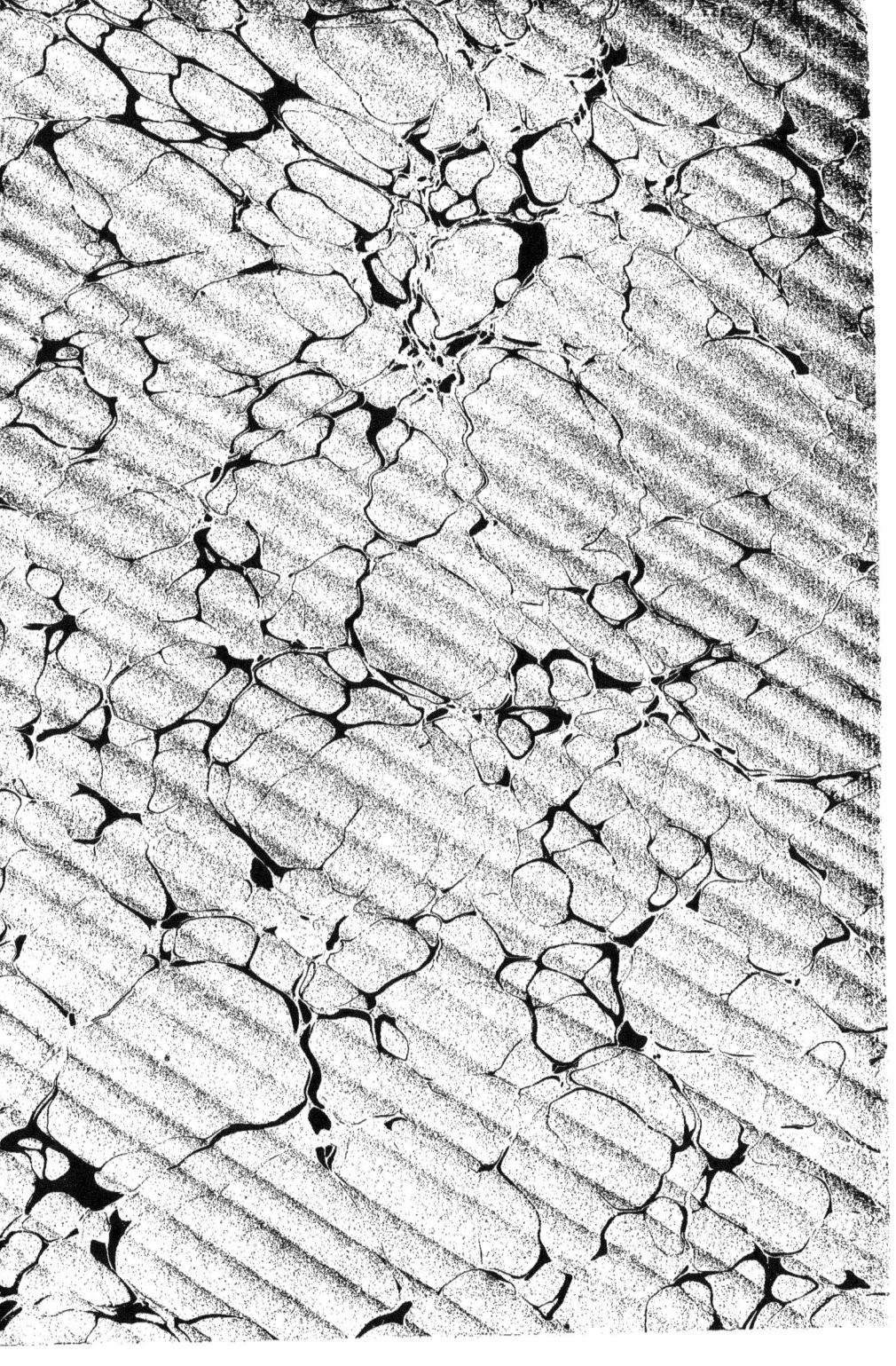

FOURNIER-SARLOVÈZE

# ARTISTES OUBLIÉS

AUDE LULIER — SOFONISBA ANGUISSOLA
PIERRE DE FRANQUEVILLE
LEBRUN ET MICHEL ANGUIER À VAUX-LE-VICOMTE — LAMPI
FERDINAND DE MEŸS
COSTA DE BEAUREGARD — LE GÉNÉRAL LEJEUNE
MASSIMO D'AZEGLIO

PARIS
SOCIÉTÉ D'ÉDITIONS LITTÉRAIRES ET ARTISTIQUES
LIBRAIRIE PAUL OLLENDORFF
50, Chaussée d'Antin, 50

1902
Tous droits réservés

# ARTISTES OUBLIÉS

FOURNIER-SARLOVÈZE

# ARTISTES OUBLIÉS

CLAUDE LULIER — SOFONISBA ANGUISSOLA
PIERRE DE FRANQUEVILLE
LEBRUN ET MICHEL ANGUIER À VAUX-LE-VICOMTE — LAMPI
FERDINAND DE MEŸS
COSTA DE BEAUREGARD — LE GÉNÉRAL LEJEUNE
MASSIMO D'AZEGLIO

PARIS
SOCIÉTÉ D'ÉDITIONS LITTÉRAIRES ET ARTISTIQUES
LIBRAIRIE PAUL OLLENDORFF
50, Chaussée d'Antin, 50
1902
Tous droits réservés.

# CLAUDE LULIER

ET

## LE BUSTE DE GAUTHIOT D'ANCIER

### 1490-1556

i la recherche de la paternité est interdite dans nos codes, il n'en est heureusement pas ainsi pour les œuvres des artistes. Elle est passionnante comme la chasse, avec ses alternatives d'espoir et de déception, cette poursuite d'un nom dans la poussière des archives, dans les publications sur la matière, dans les comparaisons d'œuvres analogues. Mais le champ des hypothèses est trompeur, et lorsqu'on croit avoir atteint le but, il s'éloigne encore.

Il en sera peut-être ainsi pour le buste qui fait l'objet de cette étude, mais l'effort devait être tenté. Le personnage qu'il représente n'est pas un inconnu, et je ne suis pas le premier à parler de lui. Sa vie mouvementée a trouvé un historien dans le regretté M. Auguste Castan[1], ancien bibliothécaire de la ville de Besançon, correspondant de l'Institut, bien connu du monde savant par ses travaux sur la Franche-Comté. Un croquis lithographique du buste a

---

[1] A. Castan. *Granvelle et le petit empereur de Besançon*. (Revue historique. t. I, 1876.)

été reproduit avec une intéressante notice dans une publication locale par M. Jourdy, bibliothécaire de la ville de Gray[1].

C'est dans le vestibule de l'hôtel de ville de Gray que se trouve ce bel échantillon de l'art du xvıᵉ siècle, donné à la ville par M. l'abbé Four. Ce buste est en terre cuite polychrome. La tête est coiffée d'une large toque ; le pourpoint est jaune avec des galons et une double rangée de boutons dorés ; une médaille pend à une chaîne d'or, et un ample manteau doublé d'une fourrure blanche recouvre les épaules. Les mains manquent et il ne reste malheureusement plus qu'une partie de l'avant-bras gauche. Le visage encadré d'une barbe noire est régulier, d'une expression triste et énergique à la fois. La couleur, malheureusement, a été reprise dans des tons crus. Mais l'expression de la physionomie est si vivante que ce défaut disparaît. Le socle en bois sculpté, avec des reliefs d'un travail délicat, porte la devise : SPES MEA DEVS, avec des ancres, et plus bas :

ANNO 1538, ÆTATIS SVÆ 49
QVO AD INVICTISSIMVM. CŒS.
CAROLVM V. IMP. OPT. MAX.
RECVRREN. ILLIVS. ŒQVISSIMVM.
JVDICIVM PER SEPTIENNIVM.
EXSPECTAVIT.

Avant que nous parlions davantage de l'œuvre, le lecteur ne nous en voudra pas de lui dire, aussi brièvement que possible, quelques épisodes de la vie de ce curieux spécimen des hommes publics du xvıᵉ siècle, si fertile en la matière. Le buste est le portrait de Simon Gauthiot d'Ancier, d'une famille noble de Gray, dont le bisaïeul, Anthoine Gauthiot[2], mort en 1434, avait été conseiller du duc de Bourgogne et lieutenant de son bailli d'amont. Son père, Guy Gauthiot, était avocat fiscal au parlement de Dôle, et sa mère, Isabeau Chambellan, était fille du général des monnaies du comté de Bourgogne.

Né en 1490, Simon Gauthiot entra de bonne heure à la municipalité de Besançon, où il trouvait un théâtre à souhait pour son ambition et sa soif du pouvoir. Il fut servi du reste par une circonstance imprévue. Mis en relation par son beau-frère Hugues Marmier, président du parlement de Dôle, avec le connétable Charles de Bourbon, au moment où celui-ci venait en Franche-

[1] Le journal les Gaudes, n° du 16 février 1892.
[2] Bibliothèque nationale, cabinet d'Hozier, vol. 157.

Comté pour envahir la Bourgogne à la tête des lansquenets impériaux, il le reçoit dans son hôtel[1], et le connétable lui fait l'honneur d'être parrain d'un de ses enfants. Trouvant en Gauthiot un ambitieux à l'esprit délié,

LE CARDINAL DE GRANVELLE (Musée de Besançon).

doublé d'un maître diplomate, Charles de Bourbon l'attache à sa maison en qualité de maître d'hôtel et l'emmène avec lui en Italie.

Gauthiot n'assista pas au siège de Rome, où son maître trouva la mort; une fièvre le retint à Sienne, mais elle cessa à temps pour lui permettre de prendre part, — et une part d'amateur éclairé, — au sac de la ville. Nous devons croire que son butin fut d'importance, car « Monseigneur de Savoye lui avoit donné gens pour sa seureté, mais parvenu à certain lieu, il licencia les dicts à lui baillez pour sa dicte seureté et compagnie, et tost après fut troussé[2] »

[1] Il existe encore une partie de la façade de cet hôtel au n° 13 de la Grande Rue, à Besançon.
[2] Extrait de la *Réplique faite par le conseil communal de Besançon au mémoire de Gauthiot*, 30 septembre 1538.

par un des seigneurs du pays. Il s'en tira cependant à bon compte, si l'on en juge par les achats de terres et de seigneuries qu'il fit dès son retour. En même temps que de nombreux objets d'art, il rapportait le cœur du connétable, pour lequel il obtint plus tard une sépulture dans la cathédrale Saint-Étienne de Besançon. A la même époque, l'empereur Charles-Quint, pour le récompenser de son zèle, le créait gentilhomme de sa maison, avec une pension annuelle de deux cents francs.

Gauthiot entre alors dans la période brillante de sa vie ; habile, éloquent, peu scrupuleux sur les moyens, flattant les passions populaires, avec des goûts et des allures de grand seigneur, il est l'oracle de la cité dont il devient gouverneur. C'est chez lui que se décident toutes les questions avant d'être apportées au conseil, où il ne se rend qu'environné de nombreux clients. Entre temps, il protège les arts, enrichit ses collections, et pendant dix ans éblouit ses concitoyens par l'éclat de fêtes qui lui valent le surnom de *petit empereur de Besançon*, surnom qui n'était pas pour lui déplaire.

C'est ainsi qu'en 1533 il reçoit le prince d'Orange, héritier de Philibert de Chalon, et son frère le comte de Nassau. Les réceptions officielles d'alors ne diffèrent guère de celles de nos jours : compliments, défilés de corporations, détonations de pièces d'artillerie, réception des autorités et banquet. Après un brillant souper servi à l'hôtel d'Ancier, on joua devant les princes « une morisque fort somptueuse [1] ». « On y voyait les trois déesses, Juno, Palas et Vénus, bien richement accoustrées, montées, l'une sur une licorne, les aultres deux sur dromedaires ; et les menoyent trois compagnons habillés comme dieux, très richement avec grosses chaînes d'or. Juno donna audict prince un beaug ruby esmaillé de blanc et audict ancau estoit pendant un billet escript tout en lettres d'or, lequel s'ensuyt :

> Je suis Juno, déesse de richesse
> Esclaircissant nobles cœurs vertueux.
> De nos trésors fais à chascun largesse
> Pourvu qu'ilz soyent hardys, vaillans et preux. »

Pallas et Vénus parlaient à leur tour « et les dons présentés, les trois compagnons conducteurs dansèrent avec dames et demoiselles qui lors estoient dans la salle. »

[1] Procès-verbal de l'entrée solennelle du prince de Nassau à Besançon. *Délibérations municipales de Besançon.*

Mais tout ne se passait pas en danses et en poésies dans la cité impériale. Le gouvernement en était malaisé. Une municipalité démocratique luttait contre un clergé puissant dont le chef était un archevêque de la grande maison des Vergy; il fallait toute l'habileté du cardinal de Granvelle, le chancelier de Charles-Quint, pour maintenir ou rétablir la paix. Gauthiot d'Ancier, secondé par Lambelin, secrétaire de la commune, tout en flattant parfois le cardinal, lui fait une sourde opposition et embrouille la situation pour se poser en homme indispensable. Quoique ceci ne touche en rien à la question d'art, nous ne pouvons résister à l'envie de dire un épisode de sa lutte avec les chanoines — curieux chapitre des mœurs politiques de cette époque.

Sous prétexte de prendre des mesures d'hygiène, Gauthiot fait faire des visites domiciliaires dans le quartier capitulaire. Des soudards, accompagnés de la lie du peuple, enlèvent toutes les servantes des chanoines et les ramènent au son des tambourins sur la place de l'hôtel de ville. Le conseil décrète leur expulsion et elles ne rentrèrent plus tard qu'en payant de fortes amendes destinées à la construction d'un hôpital.

Le chapitre rédige des doléances et envoie des députés en Espagne.

A son tour, Gauthiot se fait donner une mission auprès de l'empereur pour exposer les griefs de la municipalité. Il est très bien reçu, et Charles-Quint lui accorde de nouvelles faveurs, entre autres la prévôté à vie de la ville de Gray. Il se crut tout-puissant, mais peu de temps après son étoile commençait à pâlir.

GAINE EN BRONZE par Hugues Sambin, provenant du jardin de Gauthiot d'Ancier.

Les élections municipales de 1537 allaient avoir lieu. Sous les auspices du cardinal, une liste est opposée à la sienne. Une manœuvre électorale de la dernière heure, le privilège des monnaies, accordé par l'empereur sur la demande de Granvelle, retourne l'opinion.

Gauthiot lutte avec énergie, et comme moyen de propagande auquel on n'est pas encore arrivé de nos jours, il fait jouer en plein air devant l'hôtel de ville, pendant quatre jours, le *mystère de l'homme pécheur*, dans lequel

Boncompain, contrôleur de la ville, un de ses plus zélés partisans, remplissait le rôle de l'homme pêcheur ! Il est vaincu ; la réaction fut violente. Gauthiot est accusé des pires méfaits ; entre autres d'avoir voulu livrer Besançon aux hérétiques et d'avoir reçu une rente sur la cassette du roi de France.

La protection de l'empereur, à qui il avait persuadé qu'il était le principal entremetteur de la trahison du connétable, le sauva. Il put se retirer à Gray, mais son séide Lambelin, seigneur de moins d'importance, devint le bouc émissaire. Il fut décapité sur la place de l'hôtel de ville, après avoir subi la question des mitaines de bois, instrument de torture qui brisait méthodiquement les os de la main et dont il était l'inventeur !

Gauthiot, en quittant son bel hôtel de Besançon, emporta une partie de ses collections. Se servant des ouvriers de l'architecte dijonnais Antoine Le Rupt, il employa les loisirs que lui faisait la politique à augmenter considérablement et à embellir la maison paternelle dont quelques morceaux subsistent encore dans la rue du Marché. On peut la reconstituer en partie d'après la description qu'en donnaient, en 1851, les abbés Gatin et Besson dans leur *Histoire de Gray*.

La façade porte encore la date de 1548. — Sur un motif de la Renaissance qui surmonte la porte, devaient se trouver ses armes : d'azur à un faucon (gautherot) d'argent armé et couronné d'or commençant son vol. Trois petites fenêtres accolées, dont la plus grande est défendue par une élégante grille en fer forgé, éclairent une salle voûtée qui existe encore. Mais les galeries superposées qui ornaient la cour ont disparu ainsi que les arcades sur lesquelles on lisait, souvent répétée, la devise : *Spes mea Deus*. On distinguait plusieurs écussons avec des armoiries, deux médaillons de têtes d'empereurs romains, encadrés de bordures de feuillages et de grappes de raisin dans le goût des Lucca della Robbia. On remarquait encore deux niches dont l'une était vide, tandis que l'autre renfermait un buste de guerrier en faïence coloriée. « D'un côté de la cour, on voyait un buste de femme admirablement modelé, d'un coloris remarquable et d'une exécution fort délicate. Le corsage à cuvées, les manches à l'espagnole, la riche coiffure à la Ferronière, tout décelait en elle la femme de haut lignage[1]. » Cette noble dame est Cathe-

---

[1] *Histoire de Gray*, des abbés Gatin et Besson.

rine Du Vernois, la femme de Gauthiot. Sur le socle qui la supportait et qui existe encore en partie, on lit sa devise : A. LUY. SEUL. et plus bas :

EODEM ANNO 1538,
ÆTATIS VERO 35,
QUO A DEO INNOCENTIA
MARITI PARENTIBUS ET AMICIS
CONSOLATA PERMANSIT.

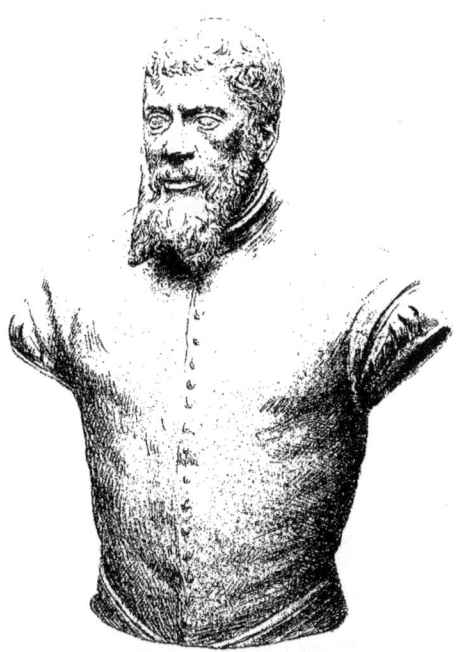

SEIGNEUR FRANC-COMTOIS, par Claude Lulier.

Ce buste, qui était brisé, paraît-il, a été vendu vers 1860, et nous espérons que cette étude fera constater son identité.

Dans un autre corps de logis, occupé aujourd'hui par un couvent de religieuses, en haut d'une tour dans laquelle on accède par un escalier à vis, on montre une petite pièce carrelée en briques vertes et rouges. La cheminée porte la date de 1538. Les montants sont formés de deux pilastres en demi-bosse, et la tablette d'appui offre une plaque en faïence ornée d'arabesques jaunes et bleues du goût le plus délicat, avec la devise : *Spes mea Deus*. Cette pièce, d'où la vue s'étend au loin par-dessus les toits de la ville, a été habitée par le B. P. Fourier, aujourd'hui sanctifié, et parmi les nombreux visiteurs qui viennent pour vénérer la cellule qu'occupa le religieux « qui s'oublia lui-même pour donner du pain aux pauvres et procurer l'instruction aux enfants du peuple », il en est peu qui connaissent le nom de son ancien propriétaire, le petit empereur de Besançon.

A qui attribuer la paternité du buste de Gauthiot d'Ancier? Nous avons pensé tout d'abord être en présence d'un travail allemand ; mais nous sommes au XVIe siècle, au moment où l'art italien influençait à son tour l'art flamand, et parmi les maîtres italiens de cette époque, nous trouvons précisément que le cardinal de Granvelle fait entrer l'un d'eux, Leone Leoni, au service de l'empereur, et qu'il l'appelle à Bruxelles pour faire les bustes de la famille impériale. Il nous était permis de penser que Gauthiot avait pu poser devant l'artiste. Cette hypothèse n'avait rien d'excessif, si l'on compare le buste qui nous occupe avec l'admirable bronze de Charles-Quint par Leone Leoni, qui se trouve au musée du Prado, à Madrid.

Les bustes de Gauthiot et de sa femme ne pouvaient-ils pas être une de ces ébauches en terre que le maître faisait d'abord pour les reprendre ensuite et les achever en bronze? Mais, en lisant les savantes publications de M. Jules Gauthier[1], l'érudit archiviste de Besançon, sur l'art en Franche-Comté, en examinant les œuvres qu'il a fait revivre, nous avons écarté le maître italien et pensé à Claude Arnoux, dit Lulier, un des maîtres de l'école bourguignonne, l'auteur des tombeaux des d'Andelot dans l'église de Pesmes, des statues des Visemal et du superbe buste en terre cuite d'un seigneur franc-comtois, qui est à la bibliothèque de Besançon. En comparant ce buste avec celui de Gauthiot, c'est la même facture, la même vie, le même souci de la réalité. Le modelé des yeux et de la bouche, la façon dont la barbe est traitée, tout semble confirmer une opinion qui flatte notre amour-propre provincial.

Claude Arnoux était de Gray. Son père, Pierre Arnoux, surnommé le Lapidaire, avait travaillé à l'hôtel de Gauthiot avec François Landry, l'auteur des médaillons d'empereurs romains dont nous parlons plus haut et qui existent encore. Si Claude Lulier paraît avoir débuté à Dôle, en 1545, n'a-t-il pas pu, avant d'être connu au dehors, travailler dans sa ville natale ? Le buste de Gauthiot d'Ancier est sans doute une œuvre de jeunesse, mais montrant déjà le talent du maître qui devait sculpter les deux d'Andelot et les Visemal, et surtout l'œuvre maîtresse, don de Gauthiot à l'église de Gray, de laquelle il nous reste à parler.

Deux ans avant sa mort, en 1554, Gauthiot d'Ancier offrit au conseil de ville de « remettre suivant sa dévotion à dehu effet et réparation de toutes

---

[1] Jules Gauthier. *Les initiateurs de l'art en Franche-Comté.* — *L'église de Pesmes.* — *Les tombeaux des Visemal.*

# CLAUDE LULIER ET LE BUSTE DE GAUTHIOT D'ANCIER

choses nécessaires à l'embellissement et décoration de la chapelle près les fonts de l'église et des ymaiges vénérées et aultres choses y estant rompues, aussi les meubles et les accoustremens duisants à célébrer quelques messes, qu'icelluy Dancier a intention de fonder, et icelle close, comme la voisine et comme sera trouvé nécessaire à l'un des bons personnages, pour preserver de ce cousté le sépulcre a répositoire du précieulx corps Notre Seigneur qu'il a

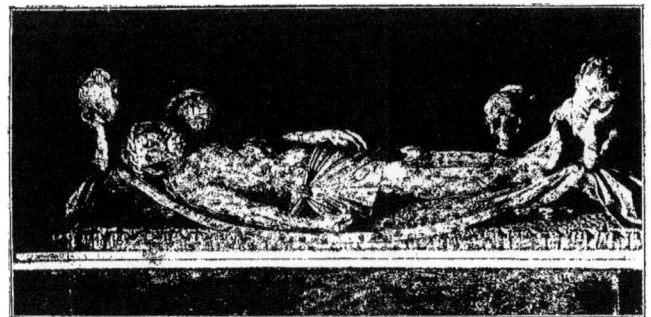

Sépulcre en marbre, par Claude Lulier (Église de Gray).

fait construire à grands frais et désire entreposer à l'endroit où est le gonfanon de ladite église, etc.[1] ».

C'est dans la chapelle des fonts baptismaux de l'église, au-dessus de l'autel, que se trouve ce précieux échantillon en marbre de l'art français du XVIe siècle, qui peut être comparé aux plus belles œuvres italiennes. L'effet est saisissant dans sa simplicité. Le Christ, plus petit que nature (il mesure $1^m,10$) repose sur un suaire dont les extrémités retombent sur les genoux de deux anges. Ceux-ci, d'une grâce charmante, les yeux entr'ouverts, regardent en pleurant le corps du Sauveur. L'un tient sur la poitrine du Christ le globe du monde, l'autre, à ses pieds, a la main appuyée sur une tête de mort. La tête du Christ inclinée sur l'épaule, est peut-être d'un faire moins avancé que le reste, mais quelle douloureuse expression dans la physionomie ! Quant au

[1] Archives de la ville de Gray. *Délibérations du conseil*. 1554.

modelé de la poitrine, des bras et des jambes, c'est la nature même, rendue avec une admirable sincérité. C'est certainement une des plus belles œuvres de Claude Lulier.

Il nous resterait à parler de Gauthiot d'Ancier comme collectionneur. Mais la matière, trop fertile, nous entraînerait au delà des bornes de cette étude. L'inventaire fait après décès de son petit-fils Antoine, qui mourut à Rome, instituant comme héritier le collège de la Compagnie de Jésus de Besançon, relate des tableaux, des objets d'art et des meubles précieux dont plusieurs sont connus, comme le bahut, la table et le terme en bronze du musée de Besançon, œuvres de Hugues Sambin.

« L'histoire, écrit M. Castan, n'a eu pour Gauthiot qu'un dédaigneux silence; » et cependant il partagera la fortune de ceux que les œuvres des maîtres font passer à la postérité, et il devra ce regain de notoriété à son goût pour les arts et au buste de Claude Lulier.

A Madame la duchesse D'ESTISSAC
Née De MORTEMART

F. S.

## AMATEURS AU XVIe SIÈCLE

# SOFONISBA ANGUISSOLA ET SES SŒURS

n a donné tant de définitions de l'amateur que nous nous sommes permis d'en tenter une, à notre tour : « L'amateur, avons-nous dit[1], est celui qui, ayant le goût des choses de l'esprit, consacre les loisirs que lui donne une fortune indépendante à cultiver, souvent très agréablement, les diverses branches de l'art, de la science et des lettres; quand il le fait avec un véritable succès, il devient un professionnel. »

Et partant de là, il nous est venu l'idée de chercher, dans les siècles passés, quels furent les ancêtres des amateurs d'aujourd'hui et de rappeler leur vie — parfois injustement laissée dans l'ombre — en donnant, comme pièces justificatives, des reproductions de leurs œuvres maîtresses. C'est par une

[1] Allocution prononcée à l'assemblée constitutive de la *Société artistique des amateurs* (15 juin 1896).

femme que nous ouvrons cette série d'études ; même, devrions-nous dire : par six femmes, car les sœurs Anguissola sont une couronne où la Sofonisba brille comme un pur joyau.

Mais nous croyons voir celui dont les savantes études sont le bréviaire de quiconque veut connaître l'art italien pendant la Renaissance, accueillir ce début d'une moue un peu dédaigneuse[1]. L'apparition des femmes artistes, a-t-il dit, est « un phénomène qui prouve que l'art tendait à devenir plus artificiel, qu'il relevait désormais davantage du besoin de luxe et de la fantaisie individuelle ». Il les renvoie à leurs broderies et conclut : « Dût-on m'accuser de manquer de galanterie, je soutiendrai que certaines branches forment le monopole du sexe fort et qu'elles ne sauraient sans danger tomber, comme on dit, en quenouille. »

Nous ne saurions partager de tels sentiments. Sans doute, nous le reconnaissons, la femme atteindra plus difficilement et plus rarement la vigueur, la puissance, l'envolée, dans la conception comme dans l'exécution ; mais n'a-t-elle pas, en revanche, dans sa nature même, des dons précieux dont pourra bénéficier une œuvre d'art, quand ce ne serait que la délicatesse, la grâce et jusqu'à cette légèreté charmante qui n'est pas toujours un défaut et que même réclament impérieusement certains sujets ? En vertu de quel droit l'homme pourrait-il monopoliser à son profit la peinture et la sculpture ? Et quand nos critiques cesseront-ils de ne remarquer les œuvres des femmes qu'avec l'idée préconçue de leur infériorité ?

Les Italiens du xvi° siècle n'en jugeaient point ainsi et, dans leur superbe amour de l'art, ils s'efforçaient de reconnaître le talent, de quelque lieu que l'œuvre vînt, par quelque main qu'elle fût produite. « L'aptitude des femmes à intéresser avec l'outil de l'ouvrier ou de l'artiste est chose entendue, » nous dit Vasari, et, au temps des Anguissola, combien de femmes remarquables ont un nom dans l'histoire de l'art ! C'est, entre autres, Vittoria del Varto, Veronica Gambasa, Teodora Danti, élève du Pérugin, Irena de Spilimberg, pour la peinture ; c'est Diana Ghisi, de Mantoue, pour la gravure ; c'est enfin la célèbre bolonaise Properzia de Rossi pour la sculpture.

Nous n'insisterons pas : aussi bien, les lignes qui suivent serviront-elles de commentaire immédiat aux idées que nous venons d'émettre.

[1] E. Muntz. *Histoire de l'art pendant la Renaissance*. Paris. 1891-95.

Les Anguissola étaient une des plus grandes maisons d'Italie, et, si l'on en croit Campi, l'historien de Plaisance, voici quelle serait l'origine de leur nom : comme Constantinople était assiégée par les Grecs, en 726, sous le règne de Léon III l'Isaurien, un certain Galvano de Sordi, originaire d'Angleterre, délivra la ville au moyen d'un feu grégeois de son invention ; et, ce Galvano

PORTRAIT D'EUROPA ANGUISSOLA, par Lucia Anguissola
(Pinacothèque municipale de Brescia).

portant un serpent dans ses armoiries, le peuple, pour acclamer sa victoire, se serait écrié : *Anguis sola fecit victoriam.* D'où le nom d'*Anguissola* donné aux descendants de Galvano quand il se fut établi peu après à Plaisance.

Mais il n'est pas besoin de cette anecdote — qui fait sans doute plus d'honneur à l'imagination de Campi qu'à sa véracité d'historien — pour admettre l'ancienneté de cette famille. Descendants ou non de Galvano, les Anguissola (on trouve aussi Angussola ou Anguisciola) se répandirent de bonne heure en Italie, non seulement à Plaisance, mais à Milan et à Crémone. C'est du reste cette dernière branche qui nous intéresse plus particulièrement.

On prétend que, dès le début du ɪxᵉ siècle, un prêtre appartenant à cette

Portrait de Pietro Maria, médecin de Crémone, par Lucia Anguissola
(Musée de Madrid).

famille aurait apporté à Crémone un tableau représentant le martyre de sainte Agathe, qu'il avait reçu en présent au cours de ses prédications à Catane. Ce qui est plus certain, c'est la mention relevée sur les registres des décurions de Crémone, d'un Orlandino Anguissola ayant vécu jusqu'en 1127; mais après lui, il faut arriver à la fin du xɪvᵉ siècle pour retrouver ses descendants, Francesco, Valeriano et Agostino, savants professeurs et hommes d'église vénérés.

Cent ans plus tard, lorsque les Vénitiens tentèrent la conquête du Milanais, nous voyons Annibale Anguissola entrer au service du duc de Milan, Ludovic le More. La province de Crémone envahie, les partisans de Ludovic Sforza

Portrait de Elena Anguissola, par Sofonisba Anguissola.
(Galerie de Lord Yarborough).

perdirent vite tout espoir. Étroitement bloqué dans Soncino, Annibale résistait encore, lorsque les Vénitiens lui offrirent une pension de deux mille sequins, s'il leur cédait la place. Voyant qu'il était inutile de continuer la résistance, Annibale estima *più conveniente* de se retirer, ainsi que s'exprime l'historien qui nous a rapporté cette peu louable aventure et à qui nous laisserons la responsabilité de son euphémisme.

Amilcare, l'un de ses fils, décurion jusqu'en 1528, épousa Bianca Ponzona, d'une grande maison de Crémone, et de cette union naquirent les six filles — Sofonisba, Elena, Minerva, Lucia, Europa et Anna Maria — qui devaient étonner les contemporains par leurs talents exceptionnels, en même temps qu'immortaliser le nom des Anguissola.

Anna Maria, la plus jeune, qui avait épousé Jacopo de Sommi, vivait encore en 1585 : on sait qu'elle réussissait fort bien les portraits ; mais il ne reste d'elle que la copie d'un tableau du Corrège — *la Madona della scala* — qu'elle peignit à l'âge de quinze ans, en y ajoutant un saint Jean. On lui attribue également une petite Madone avec l'Enfant, auquel saint François offre un panier rempli de raisins et de mûres, qui se trouvait, dit Milanesi, le dernier éditeur de Vasari, dans la galerie d'un amateur de Crémone.

Europa et Lucia moururent jeunes ; mais leur passage en ce monde ne fut pas si court qu'elles n'y pussent laisser des traces. Toutes deux d'ailleurs reçurent les leçons de Sofonisba, leur aînée, qui eut le droit de se montrer fière d'avoir formé de telles élèves.

Europa, en effet, étonnait le peintre Vasari qui ne dédaigna pas de la venir voir en 1568. Mariée à Carlo Schinchinelli, elle peignit les portraits de plusieurs gentilshommes de Crémone et celui de sa mère Bianca qu'elle envoya en Espagne. Deux peintures nous résument son œuvre : une *Vocation de l'apôtre saint André*, aujourd'hui dans la galerie du comte J. Schinchinelli, et un *Saint François aux stigmates*, dans l'église de Casalbattano.

Lucia, morte en 1565, était réputée à la fois comme peintre et comme cantatrice. De même que la précédente, elle avait été formée par Sofonisba, et Campi s'accorde avec Orlandi pour dire que l'on pouvait espérer voir un jour l'élève égaler, sinon surpasser son maître. Les deux tableaux qui nous sont restés d'elle prouvent la parfaite exactitude de ce jugement. Ce sont deux portraits d'un caractère bien différent, pour ne pas dire opposé, traités tous deux avec une égale maîtrise : le premier est, croit-on, celui de sa sœur Europa, délicieuse tête de jeune fille qu'on dirait sortie de la palette de Greuze, tant elle a de candeur et de grâce naïve. L'autre, plus sévère, représente le médecin de Crémone Pietro Maria, assis et tenant à la main l'attribut ordinaire des médecins depuis Esculape : une canne entourée d'un serpent.

SOFONISBA ANGUISSOLA ET SES SOEURS        19

De Minerva, la quatrième fille de signor Amilcare Anguissola, nous ne savons rien, sinon qu'elle fut enlevée à la fleur de l'âge ; mais on vantait déjà, plus encore que ses talents de peintre, sa connaissance approfondie des lettres

PORTRAIT DE SOFONISBA ANGUISSOLA, par elle-même
(Galerie du Belvédère, à Vienne).

latines et italiennes. C'est d'elle que Zava dit quelque part : *Minervam Minervæ omni arte instructam et politam*; Minerva était instruite et versée dans tous les arts de Minerve !

Quant à Elena, qui avait étudié avec Sofonisba dans les ateliers de Campi et de Gatti, elle entra au couvent de San Vicenzo, de Mantoue, où elle vivait encore en 1585. Elle se consacra aux tableaux de piété; mais, nous raconte un auteur, si les têtes de ses personnages étaient parfaites, les corps laissaient toujours à désirer, car la pudeur lui avait interdit l'étude du nu et de l'anatomie !

La partie d'échecs, par Sofonisba Anguissola.
(d'après la gravure de Dexox).

Ainsi, nous avons commencé par la plus jeune et remonté jusqu'à l'aînée cette aimable chaîne de jeunes artistes qui, pour nous servir d'un mot de Vasari, « faisaient de la maison de leur heureux père le temple de la peinture et de toutes les vertus ». Abordons maintenant la reine de cette petite cour familiale à laquelle ce n'est pas rendre trop d'hommages que de lui consacrer un chapitre spécial.

Sofonisba Anguissola l'aînée des cinq sœurs dont nous venons de parler, naquit à Crémone en 1527, et, comme elle montrait, dès son jeune âge, une intelligence très vive et des dispositions remarquables, ses parents lui firent donner des leçons de peinture, en même temps qu'on l'instruisait dans les lettres et la musique. Suivant Vasari, le maître de Sofonisba aurait été Giulio Campo, un des trois fils de Galeazzo ; mais le peintre Fr. Salviati, écrivant de Rome à son confrère crémonais le célèbre Bernardino Campi, l'appelle *maestro della bella pittrice cremonese* (28 avril 1554). C'est Campi, en effet, qui commença l'éducation artistique de la jeune fille : elle travailla dans son atelier de 1546 à 1549, et quand il eut quitté Crémone pour Milan, il fut remplacé dans sa tâche par Bernardino Gatti, dit *il Sojaro* ou *Soaro*.

Déjà, il est vrai, l'élève était assez instruite et assez habile pour former, comme on l'a vu, ses plus jeunes sœurs, tout en s'appliquant à mettre à profit les leçons de ses maîtres. Dès 1555, sa renommée commence à se répandre en Italie. On raconte que la célèbre Irena de Spilimberg, qui fut une femme peintre des plus distinguées, eut un jour l'occasion de voir un des tableaux de l'Anguissola dont elle entendait partout louer le talent : jalouse des succès de Sofonisba, elle abandonna le dessin auquel elle s'était exclusivement consacrée jusqu'alors, pour s'appliquer à la peinture et devenir l'égale de la jeune crémonaise.

D'un autre côté, Tommaso Cavalieri, gentilhomme romain qui vivait dans l'intimité de Michel-Ange et qui fut le confident de ses amours avec Vittoria Colonna, envoya au duc Cosme Ier de Médicis, avec une Cléopâtre de Michel-Ange, un dessin de Sofonisba : il représentait, paraît-il, une jeune fille se moquant d'un petit garçon qui pleure parce qu'une écrevisse lui pince le doigt. Vasari, qui l'obtint du duc « pour le mettre dans son livre de dessins des plus grands peintres », nous dit avec quel soin il conserve ce charmant morceau, si gracieux et si vrai, dont nous n'avons pu retrouver la trace.

Du reste l'artiste trouva bientôt sa véritable voie, celle dont elle ne devait plus s'écarter, celle aussi qui la conduisit tout droit à la gloire : le portrait.

C'est en peignant les siens qu'elle débuta dans cet art difficile : elle réunit sur la toile son père, sa sœur Minerva et son frère Asdrubale ; cette œuvre est malheureusement perdue ; puis, comme réplique, trois de ses sœurs jouant aux échecs sous les regards attentifs d'une vieille servante. Ce tableau, après avoir appartenu à Lucien Bonaparte, figure aujourd'hui dans la galerie Raczinski, à Berlin, et le lecteur ne nous en voudra pas de le décrire un peu longuement, car la seule reproduction qu'on en possédait jusqu'ici en France est une gravure en contre-partie, par Denon, qui ne pouvait guère faire connaître la juste valeur de ce chef-d'œuvre.

Sous un chêne, derrière lequel s'enfuit l'étagement d'un coteau baigné par une rivière, trois jeunes filles sont assises autour d'un échiquier. L'aînée, à droite, semble prendre le spectateur à témoin de la « pièce » qu'elle vient de placer, « pièce » redoutable si l'on en juge par la surprise et le désappointement de sa partenaire de gauche que regarde avec une joie maligne la plus jeune, placée au milieu; enfin, une servante qui passait à gauche, s'arrête un instant et tourne la tête pour contempler la mimique des trois sœurs. Ce qui frappe au premier coup d'œil, c'est l'antithèse saisissante des quatre physionomies, et l'intensité de vie qui se dégage de ce groupe : l'attitude calme et réfléchie de l'aînée, la stupeur et le geste instinctif de la cadette, les yeux ironiques et le sourire joyeusement moqueur de la plus jeune, enfin l'admirable tête de la vieille servante, traitée dans la manière du Titien.

Mais en détaillant, on s'émerveille bien davantage : tout est achevé, tout est reproduit avec une précision documentaire, tout enfin peut servir de contribution à l'histoire du costume et du mobilier au milieu du xvi$^e$ siècle. Passons sur l'échiquier garni de ses pièces où un amateur pourrait étudier la partie, et arrêtons-nous aux étoffes des robes : celle de l'aînée est en damas de soie broché, avec des broderies d'or au point de chaînette, dont on pourrait reproduire chaque dessin; la seconde porte un vêtement de velours avec des broderies appliquées et des manches de soie damassée; enfin, du costume de la troisième on ne voit qu'une gorgerette de linge plissée et enrichie de broderies.

Les bijoux, ces admirables pièces de la Renaissance, sont aussi fidèlement reproduits que les étoffes. Chacune des jeunes filles porte, pour maintenir la tresse de ses cheveux, non plus le simple petit ruban qui orne la tête du « Greuze » de Lucia dont nous avons parlé, mais un riche diadème fait de larges mailles de métal ciselé unies par des perles fines. Ajoutons que les deux plus jeunes portent des colliers de perles et qu'une longue chaînette d'or fait trois fois le tour du cou de l'aînée.

Rien ne manque au tableau, pas même la signature, et nous lisons sur la tranche antérieure de l'échiquier cette suscription : SEPHONISBA ANGUSSOLA VIRGO AMILCARIS FILIA EX VERA ‖ EFIGIE TRES SUAS SORORES ET ANCILAM PINXIT MDLV.

Portrait de Sofonisba Anguissola, par elle-même
(Musée Poldi Pozzoli, à Milan).

Mais la propre image de Sofonisba semble avoir souvent tenté son pinceau, et maintes fois elle essaya de fixer sur la toile ce fin visage aux larges yeux un peu à fleur de tête, dont la beauté était alors justement réputée. La beauté ? C'est peut-être un peu trop dire. « Ses traits, a dit un Italien, ne sont pas tout à fait réguliers et son visage ne peut être qualifié de beau, mais elle a dans la physionomie quelque chose de gentil et de doux, avec deux grands yeux un peu mélancoliques et un air de modestie qui la rend très séduisante. »

Vasari nous rapporte que l'archidiacre de Plaisance possédait deux tableaux de Sofonisba ; l'un était le portrait de l'archidiacre lui-même, l'autre celui de la jeune artiste. Peut-être est-ce celui qui figure actuellement au musée des Offices, à Florence, et qui porte cette suscription : SOPHONISBA ANGUISCIOLA CREM<sup>IS</sup> ÆT. SUÆ ANN. XX. L'œuvre, à vrai dire, n'est pas beaucoup meilleure que la suivante, encore qu'elle ait été gravée six fois pour des livres.

Elle recommença peu après, si nous nous en rapportons à un autre tableau, aujourd'hui conservé à la galerie du Belvédère, à Vienne, car, sur le livre que la jeune fille tient à la main, on lit cette épigraphe : SOPHONISBA ANGUSOLA VIRGO SEIPSAM FECIT 1554.

Or, ces dates eussent-elles été absentes, que l'on eût reconnu, à première vue, le faire un peu gauche d'une main encore inexpérimentée : c'est le travail sagement exécuté d'une petite fille bien sage, dont l'œil, cependant, a appris à voir au milieu des primitifs.

Le tableau du musée Poldi Pozzoli, à Milan, nous montre *la bella pittrice cremonese* dans le double épanouissement de son talent et de sa beauté. Le visage se présente de trois quarts : la bouche est souriante, les yeux sont grands ouverts et les cheveux relevés découvrent le front large. Remarque qui a son importance, si l'on rapproche ce tableau de *la Partie d'échecs* : aucun luxe de toilette, aucun bijou ne viennent orner l'œuvre ; seuls, de légers cordons qui retiennent la collerette rompent la simplicité du corsage sombre, dont l'étoffe, de même que la lingerie du col, est traitée, avec la conscience qu'y eût mise un Holbein. La tonalité de la figure est d'une gamme charmante, avec des ombres un peu bleuâtres qui adoucissent à merveille ce qu'il y aurait d'un peu sec dans l'ensemble.

Il n'y a pas moins de sept tableaux, représentant Sofonisba elle-même.

et l'un de ces portraits donna lieu à une anecdote assez piquante pour être rapportée ici tout au long.

Attirés par le talent de l'Anguissola, beaucoup d'illustres personnages s'arrêtèrent à Crémone pour la voir, et parmi ceux-ci le poète Annibale Caro,

Sofonisba Anguissola, par elle-même.
(d'après la gravure de A. Gravagni).

alors dans tout l'éclat de sa renommée. Ayant admiré, lors d'un voyage à Rome, le portrait de la jeune fille peint par elle-même, le traducteur de l'*Énéide* écrivit la lettre suivante au signor Amilcare Anguissola :

Je n'ai fait que passer à Crémone et uniquement pour me rendre chez Votre Seigneurie : mais je ne me contente pas de cette seule visite et, pour goûter toutes les merveilles de votre maison, je désire y converser dans l'intimité. Aussi, avant de quitter la Lombardie, je tâcherai de venir, au moins une fois, vous revoir pour apprécier mieux les qualités de vos honorées filles, et celles de la signorina Sofonisba en particulier..... Il est une chose que je désire par-dessus tout : c'est le portrait de Sofonisba par elle-même, afin de pouvoir montrer un jour deux merveilles à la fois : l'œuvre et l'auteur !...

De Parme, 23 décembre 1558.

Il paraît que le poète, fort aimable homme dans la vie privée, devenait

Portrait de Sofonisba Anguissola, par elle-même.
(Galerie du comte d'Ashburnham).

féroce quand ses œuvres étaient en jeu : nous avons la preuve qu'il se fâcha dans d'autres circonstances ! Amilcare Anguissola, qui semblait se soucier fort peu — disons-le en passant — du *genus irritabile vatum*, avait déjà destiné le portrait de Sofonisba à un illustre personnage dont on ne nous donne pas le nom, mais auquel, dit-on, il ne pouvait manquer de parole. Ayant reçu la lettre d'Annibale Caro, il pensa bien à lui envoyer le tableau, mais seulement pour le lui faire voir. Quelque temps après, en effet, il lui mandait de vouloir bien le renvoyer ! C'est alors qu'Annibale se froissa et écrivit au père de Sofonisba une deuxième lettre dont voici les passages saillants :

> De même que l'on montre des cerises aux enfants, seigneur Anguissola, de même vous m'avez montré le portrait de la signorina votre fille. Trois fois vous me l'avez destiné et, à la fin, vous me l'avez envoyé — puis repris !...

La Madone à l'enfant, par Sofonisba Anguissola.
(d'après la gravure de Cuizza.) (Galerie du comte Folchino Bodici Schizzi, à Crémone).

> Vous avez voulu que je le mérite, que je l'espère et enfin que je l'aie ; et, puisque je l'ai eu, j'ignore pourquoi vous me l'avez repris, sinon parce que vous faites peu de cas de moi, et moins encore de votre parole et de votre honneur, en m'outrageant de la sorte, hors de propos...
> Pour ce qui me concerne, je ne m'en soucie point ; quant à vous, réfléchissez, mais si je me plains ainsi, c'est uniquement afin de ne pas être pris pour une oie !

Je ne cesserai pas, néanmoins, d'admirer le talent de votre fille, et je veux, en considération de ses mérites, avoir de l'indulgence pour votre indélicatesse.

De Parme. 14 juillet 1559.

L'histoire a-t-elle une suite? Nous l'ignorons, mais Sofonisba allait avoir des amis assez puissants, des modèles assez illustres pour lui faire oublier le mécontentement — après tout, assez légitime — du poète Annibale Caro.

Philippe II employait beaucoup de peintres italiens et, le duc d'Albe lui ayant vanté les talents de la signorina Anguissola dont il avait sans doute admiré quelques toiles en Italie, il exprima le désir de l'avoir à sa cour et chargea le duc d'Albe de la décider à venir en Espagne.

Le duc de Sessa, gouverneur de Milan, fut choisi comme intermédiaire : Amilcare lui amena sa fille et reçut en revanche de nombreuses faveurs. Quant à Sofonisba, elle employa son court séjour à Milan à peindre le duc de Sessa qui lui remit quatre pièces de drap brodé d'or quand elle partit pour l'Espagne avec une suite de deux dames, deux gentilshommes et deux serviteurs que Philippe II lui avait envoyés pour l'accompagner (1560).

Elle reçut du souverain un accueil digne à la fois de son nom et de son talent, et se mit d'abord à peindre la jeune reine Élisabeth de Valois, fille de Henri II et de Catherine de Médicis.

Le roi d'Espagne payait bien les artistes ; mais il était, par contre, un critique sévère. Il se montra si pleinement satisfait du portrait de la reine qu'il voulut poser à son tour et, en récompense des deux tableaux, il offrit un riche présent à l'artiste, en même temps qu'il lui assignait une pension annuelle de 200 écus.

Peu après, Sofonisba recevait un diamant d'une valeur de 1500 écus pour le portrait de l'infant don Carlos qu'elle représenta « vêtu d'une peau de loup-cervier et paré d'habits ingénieusement drapés ».

Par malheur, des tableaux que notre artiste exécuta pendant son séjour à la cour d'Espagne, il ne reste qu'un portrait d'elle-même, daté de 1561 et conservé aujourd'hui chez un particulier, à Bologne ; les autres ont disparu, comme le portrait d'Élisabeth, par exemple, qui fut détruit dans l'incendie du Prado.

Sur ces entrefaites, en 1561, Pie IV — un de ces papes, dit M. Müntz, « qui furent réduits par la fatalité historique à n'encourager que des décadents » -- Pie IV demanda à Sofonisba de faire à son intention un nouveau

Portrait de Sofonisba Anguissola, par elle-même.
(Galerie de Lord Spencer, à Althorp).

portrait de la reine d'Espagne. L'œuvre parachevée, l'artiste l'envoya au pape accompagnée d'une lettre dont voici quelques extraits :

Saint-Père,

Le révérendissime nonce de Votre Sainteté m'a appris qu'Elle désirait un portrait de Sa Majesté la Reine peint de ma main... Je m'estimerai heureuse si j'ai réussi à contenter Votre Sainteté. Je dois ajouter cependant que si le pinceau eût été capable de représenter les beautés de l'âme de la Sérénissime Reine, les yeux de Votre Béatitude n'auraient rien pu contempler de plus admirable. Quant à ce qui rentre dans le domaine de l'art, je n'ai épargné aucun soin pour représenter la vérité...

De Madrid, le 16 septembre 1561.

LA SAINTE FAMILLE, par Sofonisba ANGUISSOLA.
(Collection Bresciani, à Bergame).

Pie IV répondit à l'artiste par une lettre accompagnée de nombreux présents :

Nous avons reçu le portrait de la Sérénissime Reine d'Espagne, notre très chère fille, que vous nous avez envoyé. Il nous a été bien agréable, tant parce qu'il a été fait de votre main, avec une rare habileté, que parce qu'il représente une personne que nous aimons paternellement... Nous vous en remercions, en vous certifiant que nous le tiendrons parmi nos choses les plus précieuses comme une preuve de votre talent qui, quelque merveilleux qu'il soit, n'est selon nous que le moindre de vos mérites...

De Rome, le 15 octobre 1561.

Mais le pape ne se contenta point du portrait de la reine, et peu de temps après, Sofonisba, répondant à une lettre de son maître Bernardino Campi, qui lui demandait un portrait de Philippe II, s'excusait de ne point encore le lui envoyer, occupée qu'elle est, dit-elle, à un portrait de la sérénissime princesse, sœur du roi, que Pie IV lui a demandé.

Portrait de Sofonisba Anguissola, par elle-même.
(Musée de Naples).

Philippe II, qui l'avait nommée une des douze dames d'honneur de l'infante Isabelle, lui fit épouser Fabrizzio de Moncade, un des frères de François II de Moncade, prince de Paterne et vice-roi de Sicile, marié à la princesse Marie d'Aragon[1]. Elle se retira à Palerme, en 1580, après avoir reçu du

---

[1] Le portrait du vice-roi et de sa femme — un des beaux tableaux de Velasquez — est encore aujourd'hui conservé dans la famille de Beauffremont, dont une des branches descend des Moncade.

roi d'Espagne une dot de 12 000 écus, plus une pension annuelle de 4 000 écus sur les douanes de la ville et. de la reine, une robe ornée de joyaux. Elle vécut là quelques années, continuant à peindre et tenue en très haute estime

Un Ambassadeur Vénitien, par Sofonisba Anguissola
(Galerie Brognali, à Brescia).

par le vice-roi qui accordait les faveurs et les grâces à sa recommandation.

Son mari étant mort, on lui offrit de reprendre la place qu'elle avait occupée à la cour d'Espagne, mais elle refusa, et désirant revoir sa famille, elle s'embarqua pour l'Italie sur une galère génoise. Ici nous tombons en plein roman d'aventures : durant le voyage, Sofonisba fut si courtoisement traitée par le gentilhomme commandant la galère, Orazio Lomellino, « qu'elle finit par se trouver obligée d'y répondre en lui promettant de le prendre pour époux ». C'est ainsi qu'elle se remaria, ayant reçu de la cour d'Espagne, en manière d'approbation, une augmentation de pension de 400 écus.

Dès lors, elle ne quitta plus Gênes où elle vivait en 1584, mais elle y reçut d'illustres hôtes. Ainsi, en 1599, lorsque l'infante Isabelle quitta l'Espagne pour aller épouser l'archiduc Albert, elle s'arrêta à Gênes et s'entretint affectueusement avec celle qui avait été le témoin de ses premières années. Sofonisba, mettant à profit la présence de l'infante, commença son portrait, mais elle ne l'acheva qu'après son départ et l'envoya à Vienne.

Elle eut une heureuse influence sur la renaissance de l'école génoise, alors en décadence, et forma même des élèves, tel que Francesco Piola. Mais la fin de sa vie fut attristée par de cruels malheurs : son second mari mourut et, peu après, elle perdit la vue.

Malgré son infirmité, elle continua, comme par le passé, à réunir en son palais les savants et les artistes pour s'entretenir avec eux des choses de l'art. Aussi Van Dyck, assidu à ces causeries familières pendant son séjour à Gênes, en 1621 et 1622, avait-il coutume de dire « qu'il avait plus appris en conversant avec cette vieille femme aveugle qu'en suivant les leçons de tous les peintres qui voyaient clair ».

Elle mourut vers 1625, âgée de quatre-vingt-dix-huit ans.


Nous avons cité quelques-unes des œuvres de Sofonisba qui se rattachaient immédiatement à sa vie : ajoutons-y maintenant la liste des autres toiles qui nous sont parvenues.

Ce sont d'abord cinq portraits d'elle conservés chez sir Vernon Harcourt, à Nuncham-Park ; dans la galerie W. Stirling ; chez lord Spencer, à Althorp ; chez lord Ashburnham, et à la galerie Borghèse, à Rome. Celui de lord Ashburnham rappelle par le costume, la coiffure et le faire délicat le tableau de la galerie Poldi Pozzoli. Dans le portrait de la collection de lord Spencer, Sofonisba s'est représentée jouant du clavecin, la tête tournée de trois-quarts vers la droite. Elle porte un corsage d'étoffe unie, fermé sur le devant par des brandebourgs et laissant passer un col plissé retenu par des cordons. Un peu dans l'ombre, à droite, on aperçoit une vieille femme qui rappelle la servante de la *Partie d'échecs*. Au siècle dernier, ce tableau fut acheté par Sarah, duchesse de Marlborough, pour la somme, alors considérable, de 700 guinées. Enfin, le plus remarquable peut-être de ses portraits est celui de la galerie Borghèse qui représente une femme d'une quarantaine d'années, aux traits réguliers, d'une expression sérieuse et réfléchie.

Du portrait de la galerie Spencer, nous rapprocherons un tableau conservé au musée de Naples et jusqu'ici attribué à l'école des Carrache : si l'on veut bien examiner de près ces deux œuvres et les comparer attentivement, on arrivera bien vite à conclure qu'elles sont de la même main.

Mentionnons aussi une naïve *Madone à l'Enfant*, aujourd'hui en la galerie du comte Folchino Dodici Schizzi, à Crémone. Le Bambino est représenté suspendu au sein de sa mère, qui abaisse vers lui son visage souriant. L'ensemble, traité dans la manière des primitifs, est parfait et la figure de la Vierge surtout, d'une pureté remarquable.

Nous sommes loin de cette simplicité charmante avec la *Sainte Famille* de la collection Bresciani, à Bergame : tout ici est maniéré, d'un art moins sûr et qui semble en décadence. Le tableau est signé et la date surprend : *Sophonisba Anagussola* (sic) *adolescens, 1559*. Mais comment vérifier l'exactitude de cette épigraphe et comment croire que cette fade peinture soit de quatre ans seulement postérieure à la *Partie d'échecs*?

Comment croire qu'elle soit à peu près contemporaine du portrait de l'ambassadeur vénitien qui figure actuellement à la galerie Brognali, à Brescia, et surtout de l'admirable peinture représentant Elena Anguissola en religieuse, aujourd'hui chez lord Yarborough, à Londres?

Ici nous touchons à la perfection : sur un fond sombre, se détachent les vêtements blancs de la religieuse, l'ovale du visage apparaît dans l'encadrement de la guimpe, et nous reconnaissons l'aînée des jeunes filles qui figurent dans le tableau des échecs.

A côté de la *Sainte Famille*, quoique pourtant supérieur, nous citerons le *Mariage de sainte Catherine* (aujourd'hui dans la galerie du comte de Pembroke, à Londres), tableau plein de grâce, où le charme un peu maniéré des attitudes s'accorde avec l'ensemble de la composition.

Signalons pour finir le *Portrait d'une grande dame inconnue*, en riche costume (aujourd'hui à la galerie Borghèse), que l'on attribuait jusqu'ici à

PORTRAIT DE DAME INCONNUE, par Sofonisba Anguissola.
(Galerie Borghèse, à Rome).

Lorenzo Sabatini, — enfin le *Portrait du Titien et de sa femme*, une des perles de la galerie Doria (n° 444). Ce tableau, décrit par G. B. Cavalcaselle et S. A. Crowe, représente un homme debout, tenant la main gauche sur le

Portrait du Titien et de sa femme, par Sofonisba Anguissola.
(Galerie Doria, à Rome).

bras d'une femme assise devant lui et qui lui tourne le dos. Il porte la barbe, des vêtements noirs comme ses cheveux. La femme est vêtue d'une robe de soie brune à reflets gris-bleu, décolletée et s'avançant sur une chemise montante et bouffante ; son visage est assez commun ; ses cheveux sont noirs avec une raie au milieu.

Longtemps attribué au Titien, ce tableau est unanimement reconnu aujourd'hui comme étant de la main de Sofonisba Anguissola. Aussi bien ceci nous dispense de chercher d'autres éloges ! Mais, en même temps cela contribue à augmenter encore nos regrets en présence de la trop longue liste des œuvres de Sofonisba dont nous avons à déplorer la perte. Peut-être cette étude aura-t-elle pour résultat de faire retrouver quelque toile égarée ou méconnue de cette émule du Titien.

Telle fut l'œuvre de cette illustre amateur qui travailla pour la galerie des rois et pour celle des papes, qui vit le fils de Charles-Quint poser devant son chevalet et dont Van Dyck appréciait les sages avis. Le lecteur ne trouve-t-il pas que voici une charmante physionomie d'artiste et qui méritait bien un peu ces quelques pages d'étude ?

Ah ! si nous pouvions, en évoquant le spectacle de cette heureuse famille Anguissola, éveiller chez quelques-unes de nos lectrices des désirs de l'imiter ! Si l'exemple de ces sœurs artistes, femmes instruites en même temps que femmes de foyer, leur faisait essayer du pinceau ou de l'ébauchoir ! Si enfin, prenant goût à ces tranquilles mais saines distractions, elles découvraient un jour ce coin des joies artistiques, jusque-là connu seulement d'un petit nombre ! quelles satisfactions intimes elles y trouveraient !

Après tout, pourquoi non ?

Une jeune femme à qui l'on demandait un jour, dans la tribune d'un champ de courses, si cette vie de sport forcé était de son goût, répondait : « Que voulez-vous, si c'était la mode, nous aurions autant d'esprit que nos grand'mères ! »

Que les femmes le veuillent, qu'elles mettent l'atelier à la mode — elles en ont lancé de moins... excusables que celle-ci. Ici, du moins, elles contribueront à créer, pour beaucoup des leurs, une source d'occupations agréables, un dérivatif au tourbillon de leurs fatigants devoirs mondains et, à l'heure où nombre de jeunes gens se désintéressent des choses de l'art, il serait exquis de voir les femmes se mettre à les étudier.

# APPENDICE

LE MARIAGE DE SAINTE CATHERINE
(Galerie du comte de Pembroke).

En terminant notre étude sur Sofonisba Anguissola, dans le numéro de la *Revue de l'Art ancien et moderne* du 10 mai 1899, nous disions : « Souhaitons que cette étude ait pour résultat de faire retrouver quelque toile égarée ou méconnue de cette émule du Titien ».

Notre souhait a été exaucé et l'événement a dépassé nos espérances. Car ce n'est pas seulement des œuvres d'Anguissola qui nous ont été signalées par d'érudits correspondants, mais par elles nous croyons avoir découvert un portrait d'Anguissola qu'il paraît difficile de ne pas attribuer à Van Dyck !

Les circonstances qui nous ont valu cette bonne fortune méritent, ce nous semble, d'être rapportées. Peu de jours après la publication de l'étude sur Anguissola, nous recevions une lettre de M. Virzi, de Palerme, à laquelle était jointe la reproduction photographique d'un portrait de vieille femme. L'original, disait M. Virzi, avait toujours été attribué au Titien ; frappé par sa beauté, par la largesse de la touche et son coloris délicat il l'avait acheté, malheureusement trop tard pour empêcher un acte de vandalisme, car son précédent propriétaire, fils d'un vieux peintre de Palerme, avait coupé les mains pour faire entrer la toile dans un cadre trop petit.

En comparant son tableau avec les reproductions des portraits d'Anguissola données par la *Revue*, notre correspondant lui ayant trouvé un air de famille nous demandait notre avis, et autant qu'il nous était possible de juger l'œuvre sur une photographie très imparfaite, nous avions partagé son opinion, mais sans nous attendre à la voir corroborée par un document de premier ordre ! En effet, peu de temps après, M. de Vesme, le très distingué conservateur de la pinacothèque de Turin, nous signalait un croquis de Van Dyck représentant Anguissola et nous engageait à en demander la reproduction à M. Herbert F. Cook.

Voici la réponse de ce dernier :

Londres, le 13 septembre 1899.

Monsieur,

J'avais lu dans la *Revue de l'Art ancien et moderne* votre étude sur Sofonisba Anguissola et je me proposais de vous écrire à son sujet lorsque votre lettre m'est parvenue. Je m'empresse de vous adresser la reproduction du document que vous me demandez. Il est, comme vous pouvez en juger, de la plus grande valeur pour l'histoire de Sofonisba.

C'est un croquis à la plume de Van Dyck, accompagné d'une note de la main de l'artiste. L'original se trouve dans un livre que possède M. le duc de Devonshire, à Chatsworth[1].

Ce livre contient des dessins et des notes de Van Dyck remontant à son premier voyage en Italie. Il ressort de ce document qu'il était à Palerme dans l'été de 1623 et qu'il y a ren-

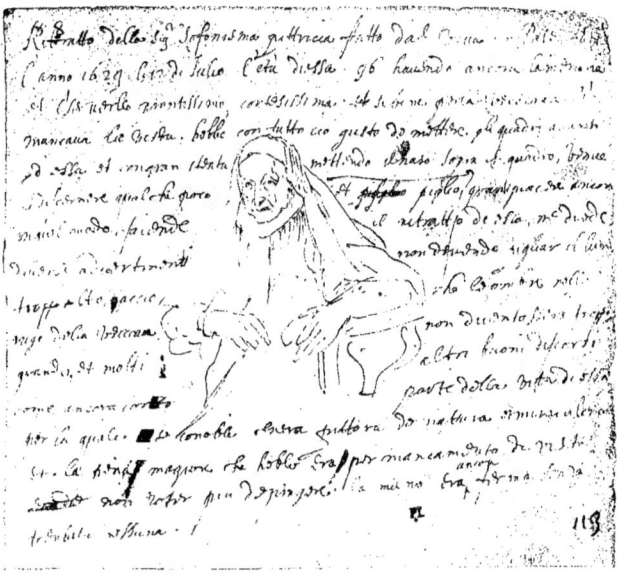

Van Dyck. — Croquis représentant Sofonisba Anguissola et note autographe.

contré Sofonisba, alors âgée de quatre-vingt-seize ans. Cette indication permet de fixer la date de la naissance de cette dernière en 1527 et non pas « vers 1535 », comme le supposent les historiens. Par conséquent, elle avait trente-deux ans quand elle se rendit en Espagne, ce qui explique mieux le renom qu'elle s'était acquis déjà, renom qui lui valut l'invitation si flatteuse du roi Philippe V de venir à sa cour. Ce point fixé, il en résulte d'autres conclusions dans la chronologie de sa vie et de ses œuvres[2].

---

[1] Ce précieux livre, qui a appartenu au peintre Lély, à Lord Dover et à M. Herbert F. Cook, a figuré à l'exposition de Van Dyck à Anvers, en 1899.

[2] Nous pouvons signaler d'autres portraits de Sofonisba par elle-même qui ne sont ni signés,

Elle avait vingt ans lorsqu'elle peignit son portrait de la galerie des Offices, à Florence ; vingt-huit ans lorsqu'elle fit sa *Partie d'échecs* que nous devons considérer comme une de ses œuvres capitales. En 1580, elle part pour Palerme avec son premier mari, Moncade ;

Van Dyck. — Portrait de Sofonisba Anguissola

ni datés : un à Sienne, où elle est représentée très jeune avec son maître Bernardino Campi ; deux à Milan, l'un dans la collection du duc Melzi, et l'autre, où elle est plus âgée, dans celle du comte Magno. On cite enfin un portrait d'elle-même à Saint-Pétersbourg sous le nom de Catarina Cornaro, et un autre dans la collection Danby-Seymour, en Angleterre, collection maintenant dispersée.

Que de portraits d'elle-même, dira-t-on ! Mais loin d'y voir un sentiment de vanité, trouvons-y plutôt une preuve de son affection pour son père, ses sœurs et ses amis, à qui elle envoyait ces portraits pendant son long séjour en Espagne.

D'autres œuvres de Sofonisba se trouvent : à Londres, portrait de jeune fille devant dater de son époque espagnole (collection du comte Brownlow) ; petit portrait d'homme en ovale (collection de Miss Cohen) ; à Burleigh, portrait d'un homme debout devant une table couverte d'un tapis oriental (collection du comte d'Exeter) ; à Ashridge, portrait d'homme en ovale sur fond vert (collection du comte Brownlow).

Portrait de moine
par Sofonisba Anguissola (Collection de M. Herbert F. Cook).

revient à Gênes après avoir épousé en secondes noces Orazio Lomellini, devient aveugle vers 1595, retourne à Palerme où Van Dyck fait son portrait en 1623, et enfin meurt en 1625, à l'âge de quatre-vingt-dix-huit ans.

Nous devons, Monsieur, vous savoir gré d'avoir appelé l'attention sur cette grande artiste du xvie siècle et je vous remercie pour ma part d'avoir traité ce sujet qui m'intéressait vivement.

Herbert F. Cook.

C'est à nous bien plutôt à remercier M. Herbert F. Cook de sa communication.

Voici la traduction de la note de Van Dyck : « Portrait de la signora Sofonisma (sic), peintre, fait de son vivant à Palerme, l'an 1623, le 12 juillet, à l'âge de quatre-vingt-seize ans; sa mémoire était encore très prompte et très heureuse; et quoique en vieillissant elle eût perdu la vue, elle aimait cependant à mettre les tableaux devant elle et en approchant son nez du tableau, avec une grande attention, elle arrivait à distinguer quelque peu et y prenait un grand plaisir. Tandis que je faisais son portrait, elle me donna divers conseils, comme de ne pas prendre la lumière trop haut afin que les ombres dans les rides de la vieillesse ne devinssent pas trop grandes, et beaucoup d'autres excellents avis. Elle me conta aussi une partie de sa vie où l'on reconnaît qu'elle fut admirablement peintre de nature; la plus grande douleur qu'elle ressentit fut de perdre la vue et de ne pouvoir plus peindre, car la main était ferme encore et sans aucun tremblement ».

Le lecteur pourra, pièces en mains, comparer le croquis et le portrait. L'attitude du modèle dans le croquis diffère sensiblement de celle qu'il a dans le tableau. Dans le croquis, Van Dyck nous montre une bonne vieille, toujours très distinguée, mais courbée par l'âge, semblant conter ses souvenirs ou donner ces conseils que le jeune maître prisait tant.

Dans le portrait lui-même, la grande dame, qui porte allègrement ses quatre-vingt-seize ans, se redresse pour poser devant le jeune et déjà grand artiste. Et si l'on examine attentivement les deux œuvres, comment ne pas être frappé par la similitude des détails, indiqués par un simple trait dans le croquis, mais d'une façon si exacte et si précise ! Le dessin de la forme de la tête se suit sous le grand voile qui la recouvre; mêmes méplats du front amaigri, même dessin du nez, mêmes lèvres amincies. Ce qui est plus caractéristique encore, l'arcade sourcilière saillante à l'œil profondément enchâssé, comme dans son beau portrait par elle-même de la galerie Borghèse, mais hélas ! sans le vif regard d'antan.

Pauvres mains si habiles, qui pendent inertes dans le croquis du maître et que le fils du peintre de Palerme a fait disparaître dans le tableau, quel regret de ne pas voir comment le grand artiste les avait rendues !

Pour terminer ce trop long post-scriptum à notre étude sur Anguissola, nous devons dire un mot du portrait de moine de la collection de M. Herbert F. Cook. C'est une œuvre de premier ordre, faite en Espagne vers 1562. On l'a longtemps attribuée à Zurbaran, et cette attribution se justifiait par le profond sentiment religieux qui se lit sur la figure, l'expression puissante de la physionomie, le regard intense qui semble voir l'au-delà, la noblesse de sa pose, la correction du dessin des mains, et enfin la simplicité de la facture rappelant le faire du maître qui peignait *con especialidad en los blancas*. Mais Zurbaran ne devait briller que soixante ans plus tard.

Titien, Van Dyck, Zurbaran, c'est en la compagnie de ces maîtres que nous saluons une dernière fois la *bella et saggia dipintrice, la nobil Sofonisba da Cremona*.

Nous devons encore à M. Virzi de pouvoir ajouter à cette étude un dernier post-scriptum. Grâce aux recherches dont il a bien voulu nous faire part, nous sommes fixés exactement sur la date de la mort de Sofonisba Anguissola et sur le lieu de son inhumation.

C'est dans les registres de la paroisse de Santa-Croce à Palerme que se trouve l'acte de décès de Sofonisma Lomellino (*sic*) à la date du 16 novembre 1625.

Elle fut enterrée dans l'église San-Giorgio delli Genovesi, où l'on peut voir encore sa pierre tombale avec les armes des Lomellini et où se lit l'épitaphe suivante :

> SOFONISB.E UXORI AB ANGUISSOLÆ
> COMITIBUS DUCENTI ORIGINE[M] PARENTU[M]
> NOBILITATE, FORMA EXTRAORDINARIISQUE
> NATURÆ DOTIBUS IN ILLUSTRES MUNDI MULIE-
> RES RELATÆ AC INEXPRIMENDIS HOMINUM
> IMAGINIBUS ADEO INSIGNI UT PARE[M] ÆTATIS SUÆ
> NEMINE HABUISSE SIT ÆSTIMATA, HORATIUS
> LOMELLINUS INGENTI AFFECTUS MEROR· DECUS
> HOC EXTREMV[M] ET SI TANTÆ MULIERI EXIGUUM
> MORTALIBUS VERO MAXIMV[M] DICAVIT 1632.

« A son épouse Sofonisba, issue des comtes d'Anguissola; par sa distinction, sa beauté et d'extraordinaires qualités naturelles, comptée parmi les femmes illustres du monde; et tellement habile à peindre les portraits que personne à son époque ne fut estimé l'égaler; Horace Lomellini, accablé d'une douleur immense, dédia ce suprême hommage, qui quoique petit pour une femme si remarquable est cependant très grand pour les mortels. 1632. »

Outre son grand talent, dont la preuve est venue jusqu'à nous, quel charme devait avoir cette grande artiste pour que son mari, ce bon marin génois, — alors qu'elle a 98 ans au moment de sa mort, — témoigne sept ans après de sa tendresse, de son admiration et de sa douleur en des termes si glorieux et si touchants!

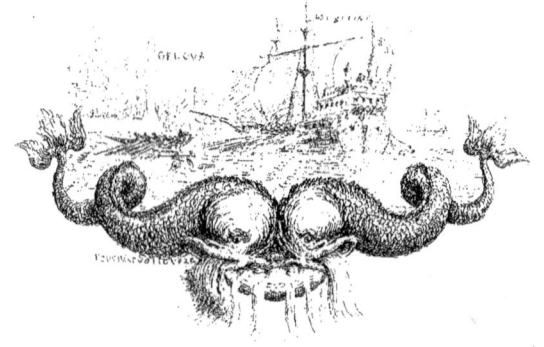

Pierre de Franqueville. — Louis XIII (bronze).
(Musée national, à Florence).

# PIERRE DE FRANQUEVILLE
1548-1615

ono *belle grande cause del Pietro da Francavilla, bravo scoltore francese.* Ainsi parle, à Florence, le custode qui montre au visiteur étranger les sculptures de l'église de Santa-Croce.

Et pourvu que le visiteur soit Français et se pique de quelques connaissances en matière de beaux-arts, le voici, dès cet instant, fort intrigué : on vient de lui présenter, de la plus gracieuse façon d'ailleurs, les œuvres d'un artiste français dont le nom, sans lui être tout à fait inconnu, n'éveille en son esprit que d'infiniment vagues souvenirs ; Francavilla, Franqueville, il lui semble avoir entendu cela, mais où? à quel propos? Voilà ce qu'il ne saurait préciser...

En guise de consolation, disons d'abord à ce voyageur qu'il n'est point le seul — tant s'en faut — à ignorer un artiste qui fut célèbre, et ajoutons, pour expliquer l'oubli dans lequel on laisse chez nous un sculpteur hautement apprécié par nos voisins, que Franqueville, né et mort en France, a surtout travaillé en Italie.

Il méritait notre hommage pourtant, non seulement pour la valeur générale de ses productions, mais aussi pour la belle ténacité avec laquelle il poursuivit un idéal en tous points opposé aux usages de son époque et de son rang.

Ils ne sont pas nombreux, en effet, les jeunes nobles du xvie siècle qui, à l'éclat des fêtes de la cour, préférèrent, comme Franqueville, le silence de l'atelier ; ils sont rares surtout ceux qui, de toute leur volonté, de toute leur force, de toute leur ardeur juvénile, luttèrent comme lui pour le libre choix d'une carrière, cette carrière fût-elle — ô déchéance! — celle de sculpteur. Franqueville montra ce double courage ; bien plus, les résolutions dont dépendait sa vie, il dut les prendre à un âge où d'ordinaire les jeunes gens en sont à attendre des conseils. Voici en quelles circonstances.

PIERRE DE FRANQUEVILLE
(d'après la peinture de J. Buxel).

Son père, Martin de Franqueville, qui appartenait à une vieille famille noble d'origine espagnole, fixée depuis quelque temps à Cambrai, n'avait point remarqué sans amertume les goûts précoces du jeune homme pour les choses de l'art et s'était formellement opposé à ce qu'il s'engageât dans cette voie. En dépit du *veto* paternel, le jeune Pierre avait converti en atelier une chambre abandonnée de la maison familiale et s'y retirait souvent pour modeler à loisir : son père l'y surprit un jour en flagrant délit de désobéissance et, après l'avoir tancé comme bien on pense, brisa une à une toutes ses chères ébauches.

Ce jour, on peut le dire, décida de l'avenir de Franqueville ; il se promit bien de secouer, dès la première occasion, un joug qui le blessait si rudement et de fuir le toit paternel où l'on comprenait si mal ses efforts. A peu de temps de là, il arriva que le précepteur auquel son père avait conféré les pouvoirs les plus étendus — y compris celui de fustiger son élève, s'il manifestait son goût pour le dessin — s'en fut demander au vieux gentilhomme de le relever de ses fonctions, n'ayant plus, disait-il, rien à enseigner à son disciple.

« Une chose me manque pourtant, observa le jeune homme. Le dialecte picard ne suffit pas : j'ignore le français ; il me faudrait aller à Paris, pour l'apprendre. » Et, son père ayant consenti, il partit aussitôt.

C'était en 1564 : Pierre de Franqueville avait seize ans. Venu à Paris pour apprendre le français, il se mit en quête d'un professeur ; mais, il ne fut pas longtemps, on le devine, sans chercher aussi un maître de dessin. Après quoi, il fit deux parts de sa vie : l'une consacrée à l'étude, l'autre à la sculpture. Dans la première, il donnait satisfaction à son père, dans l'autre, il se livrait sans contrainte à ses prédispositions naturelles — et cela dura deux années.

PIERRE DE FRANQUEVILLE
(d'après la peinture de Pourbus).

L'heure approchait cependant, où il allait se voir rappelé à Cambrai. Il prévint l'ordre paternel et partit bravement pour l'Allemagne, ayant le travail de ses mains pour toute ressource.

Iunsprück le retint. Il y suivit une méthode en tous points semblable à celle qu'il s'était imposée à Paris : esprit curieux, intelligence ouverte, avide de voir et de savoir, Franqueville se perfectionna vite dans la langue allemande, en même temps qu'il fréquentait assidûment l'atelier d'un sculpteur sur bois, formé à l'école florentine.

C'était l'époque où l'archiduc Ferdinand, second fils de l'empereur Ferdinand I*er*, commençait à réunir en son château d'Ambras, près d'Innspruck, les objets d'art de toute sorte qui devaient faire de cette résidence un des plus admirables musées d'Europe. L'archiduc, s'il prêtait attention aux artistes du passé, se plaisait à suivre aussi les talents naissants : Franqueville lui fut présenté et lui plut. Ferdinand s'intéressa à ce jeune artiste dont les belles manières contrastaient si vivement avec la rudesse environnante, il fut charmé par cet esprit toujours en éveil auquel les problèmes de cosmographie n'étaient pas moins familiers que les principes de sculpture; aussi, quand, après six années, il le vit partir pour l'Italie, lui donna-t-il une recommandation précieuse pour Jean Bologne.

Jean de Douai ou Jean Bologne — encore un artiste français qui prit l'Italie pour patrie d'adoption — était alors dans tout l'éclat de sa triomphante carrière : depuis la mort de Michel Ange (1564), il était unanimement reconnu comme le seul digne de lui succéder au milieu de la décadence de l'art sculptural italien, aussi groupait-il autour de lui, à Florence, une foule de disciples auxquels il donnait, avec ses conseils, l'exemple d'une activité et d'une fécondité stupéfiantes.

Revenu de Rome, où il avait fait un court séjour devant les antiques, Franqueville fut chaudement accueilli par le maître dont il devint l'élève favori. Par son entremise, la première commande ne tarda point : un abbé florentin, Antonio Bracci, désirait orner de statues les jardins de sa villa de Rovezzano. Franqueville se mit à l'œuvre, aux conditions, stipulées par un traité du 24 janvier 1574, de cinq écus d'or par mois, plus la nourriture! Hardiment, il donna dans le goût du jour, et l'abbé Bracci, ravi de voir sa villa abriter la lune et le soleil, ainsi qu'une bonne partie de l'Olympe, ouvrit à l'artiste les portes de sa maison de ville pour qu'il pût continuer son œuvre. Il n'eut point à s'en repentir : les groupes mythologiques y fleurirent à l'envi, et l'un d'eux, si l'on en croit un auteur italien, fit verser des larmes de joie à Jean Bologne; c'était Vénus tenant de la main droite un petit satyre, figurant le plaisir, et de la gauche une petite femme figurant la génération. L'historien qui nous a rapporté l'émotion de Jean Bologne en présence de cette allégorie aurait bien dû nous dire par la même occasion si l'abbé Bracci ne fit pas la grimace, quand il en pénétra le sens!

Ces quatorze statues furent vendues au milieu du XVIII*e* siècle par les Bracci, à un prince de Galles, et huit d'entre elles ornent encore la terrasse du château de Windsor. Ce sont : *le Soir, le Printemps, l'Été, l'Automne, l'Hiver, Bacchus, Vulcain, Diane*, et un groupe, *Orphée et Pan*. Il y a de plus huit vases avec médaillons à bas-reliefs.

Ces premières œuvres avaient été pour Franqueville un excellent exercice : il avait le champ libre et procédait à sa guise (combien peu de sculpteurs ont eu d'aussi agréables débuts ?), mais influencé par la mode, il se laissa tenter par des sujets vides où l'imagination n'avait guère à s'exalter.

D'ailleurs, à vivre dans l'atmosphère de Jean Bologne, il en gagna la fiévreuse, la dévorante activité : ce fut, de conception, comme d'exécution, un improvisateur — qualité et défaut tout ensemble ; sa virtuosité, sa rapidité de mise en œuvre ont émerveillé ses contemporains au détriment, peut-être, des qualités plus solides dont il fit montre : Baldinucci est ébloui par la somme de travail fournie pour les commandes de l'abbé Bracci ; il parle à chaque page d'œuvres *condotte colla maggiore diligenza*, ou *con estrema diligenza;* et Soprani, à propos des statues qui ornent l'église del Castellato de Gênes, ne manque pas d'admirer « la promptitude avec laquelle elles ont été faites ».

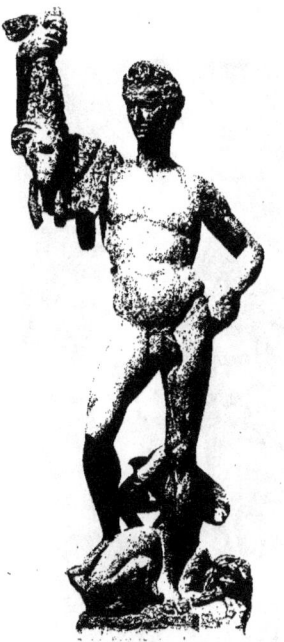

JASON
(Collection de M. le baron Jean Ricasoli Firidolfi)

Il menait en effet une vie de travail en partie double ; d'une part, répondant aux commandes qui s'adressaient à lui-même, de l'autre aidant son maître et collaborant à ses travaux, comme il le fit pour *Hercule terrassant le Centaure*, ou encore pour *les Trois Sabines*.

L'exemple le plus caractéristique de cette existence de labeur acharné est sans contredit le séjour que fit Franqueville à Gênes, peu après 1575. A cette date, un gentilhomme génois, Luca Grimaldi, avait commandé à Jean Bologne la décoration d'une chapelle : Jean Bologne partit, accompagné de son élève. Or, celui-ci, durant son séjour, et en dehors de ses travaux pour Grimaldi, exécuta deux statues colossales de *Jupiter* et de *Janus*, décora la chapelle de Matteo Lanega, enfin acheva six statues de marbre pour la cathédrale, représentant les quatre Évangélistes, saint Ambroise et saint Étienne.

A peine revenu à Florence, c'est la famille Niccolini qui lui demande cinq statues pour la chapelle de l'église de Santa-Croce ; il se met à l'œuvre et représente Moïse, Aaron, l'Humilité, la Virginité et la Prudence.

Nous disions un peu plus haut qu'il collaborait aux travaux de Jean Bologne, mais il ne se contentait pas, comme pour les *Sabines* par exemple, de sculpter une partie de l'œuvre, il arrivait aussi parfois que le maître, ne pouvant répondre aux demandes, se contentait de dessiner ses projets, que Franqueville exécutait ensuite. C'est le cas pour les six statues de marbre qui ornèrent, en 1589, le tombeau de l'abbé Antonino Pierozzi, à San Marco.

Cette même année 1589, à l'occasion de l'entrée à Florence de la femme de Ferdinand I<sup>er</sup>, Christine de Lorraine, on découvre six nouvelles œuvres du sculpteur, statues colossales d'évêques florentins érigées à l'entrée de la cathédrale et qui, toute improvisation mise à part, ne sont pas de ses meilleures.

Pourtant, son talent se mûrit, et ce qu'il se donne la peine de travailler a de sérieuses qualités.

Entre temps, il avait pu courir de nouveau jusqu'à Rome, passer quelques

APOLLON
(Collection de M. Spiridon).

semaines en contemplation devant les antiques et copier même plusieurs morceaux, parmi lesquels le *Torse* du Belvédère. Revenu à Florence, c'est im-

Statue de Cosme I<sup>er</sup>
(sur la place dei Cavalieri, à Pise).

prégné sans doute de ces souvenirs classiques qu'il exécuta, en 1589, le *Jason* du chevalier Zanchini, une de ses meilleures œuvres, robuste et souple, à peu près dégagée de tout sacrifice à la mode du moment.

Jason fièrement campé, dans une attitude tranquille, pose le pied droit sur le dos du dragon, tandis que la main élève en l'air la dépouille du bélier dont une partie repose sur l'épaule. Le dessin en est harmonieux, le mouvement bien équilibré, le geste sobre ajoute à l'énergie de la pose, c'est bien véritablement l'œuvre d'un maître. Cette statue, signée : *Petrus Francavillius Belgiae F.*, et qui n'a jamais dû quitter Florence, appartient aujourd'hui au baron Jean Ricasoli Firidolfi.

L'année suivante, il fait un *Apollon* pour le palais d'Everardo Salviati, dans la via di Palogio, à Florence, œuvre d'une grâce parfaite et d'une belle allure, qui dut avoir un succès d'admiration ; après avoir été la propriété des marquis Corsi, elle appartient aujourd'hui à M. J. Spiridon. Il est moins bien inspiré dans la *Primavera* du pont de la Sainte-Trinité à Florence, où il n'aboutit qu'au maniéré. Sur ces entrefaites, le Grand-Duc l'envoie à Pise pour y exécuter, sur la place dei Cavalieri, une fontaine surmontée de la statue de Cosme I<sup>er</sup>. Cette œuvre terminée, il reste quelques années encore dans la ville, sculpte, près du palais ducal, un groupe représentant Ferdinand I<sup>er</sup> relevant Pise, dans lequel la statue du prince a une belle tournure martiale. M. Marcel Reymond, dans son remarquable ouvrage sur la sculpture florentine, fait l'éloge de ce groupe dans lequel il trouve une réelle entente des lois de la sculpture.

Franqueville aide encore Jean Bologne à remplacer les célèbres portes du Dôme qu'un incendie avait détruites en 1595 ; enfin, il fait reconstruire, d'après ses plans, le Palais des prieurs.

Mais Florence, jalouse de ses gloires d'adoption, trouvait longue son absence : il écouta ses appels et partit, emportant, avec la reconnaissance des Pisans, le titre de citoyen de la ville : ce fut comme une courte trêve, après laquelle il reprit son ciseau hâtif et continua son incessante production.

Se succédèrent tour à tour, depuis 1604, un *Mercure* pour Duccino Mancini, qui prit place, par la suite, dans les jardins Boboli ; puis une statue en marbre du grand-duc Ferdinand pour le palais Pitti, enfin une série de bustes destinés au cloître de Sainte-Marie-des-Anges. Il convient d'y ajouter un *Saint Luc* pour Viterbe, et un *Ferdinand I<sup>er</sup>* pour Arezzo, celui-ci exécuté, dit-on, d'après un modèle de Jean Bologne.

Vers la même date, il termina une statue d'*Orphée* qui devait avoir dans sa vie une importance inattendue, et dont l'histoire ne laisse pas d'être curieuse. Un noble florentin résidant à Paris, Girolamo Gondi, avait commandé au sculpteur Romolo Ferruzzi, dit Tadda, réputé comme animalier, plusieurs statues destinées à ses jardins de Paris. Tadda joignit à l'envoi l'*Orphée* de Franqueville, qui se dressa bientôt sur une fontaine entourée d'animaux. C'est plus que jamais l'occasion de dire : *si non è vero*.....

Ce qui n'est pas contestable, c'est que l'œuvre fit du bruit, et que l'on vint l'admirer : Henri IV, l'ayant vue, fit aussitôt proposer à l'auteur les conditions les plus magnifiques s'il consentait à venir travailler en France. Chose curieuse, ce ne fut qu'après des sollicitations nombreuses et des démarches répétées que Franqueville se décida : il semblait néanmoins quitter à regret cette Italie qui avait fait sa gloire. Et ce regret était si bien partagé par son maître Jean Bologne, que celui-ci écrivit à ce sujet au Grand-Duc la lettre suivante :

Sérénissime Grand-Duc.

L'affection que je porte à votre Maison m'engage à faire savoir à V. A. S. que notre Pierre de Franqueville, bon sujet et *pratiquissimo perforo signoria*

FERDINAND I<sup>er</sup> RELEVANT LA VILLE DE PISE
A PISE.

(sic), est requis d'aller en France au service du roi. Je lui ai conseillé de ne rien conclure sans prendre l'avis de V. A. me rappelant qu'elle lui a dit à l'atelier, en présence de Monseigneur le cardinal del Monte, de ne pas quitter Florence où elle comptait l'employer ! Je commence à sentir la fâcheuse atteinte de la vieillesse et j'ai besoin d'un bon aide pour travailler le marbre. Pour moi, je conserverai ce qui me reste de vie à servir V. A. S.

GIO BOLOGNA.

16 février 1660.

Ferdinand Ier répondit :

Au chevalier Gio Bologna,

J'ai appris par votre lettre que vous auriez l'intention de faire rester par devers vous Pierre Franqueville, pour vous aider à travailler le marbre. Nous ne voulons pas nous opposer aux desseins de Franqueville, ni nuire à sa fortune. Dites-lui donc qu'il aille où on l'appelle et assurez-le que si nous pouvons lui être bon en quoi que ce soit, nous le ferons toujours. Nous désirons que dans votre ardeur pour le travail vous ne négligiez jamais le soin de votre santé, qui importe plus que tout le reste. Que Dieu, Notre Seigneur, vous donne contentement et prospérité.

Pise, le 26 février 1660.

STATUE DE HENRI IV
(Château de Pau).

Quand il partit pour la cour de France, ce fut comme s'il ne devait faire qu'une courte absence : il laissa sa femme et ses enfants et passa les monts accompagné du seul Francesco Bordoni, son élève, non toutefois sans avoir mis la dernière main à deux statues, représentant la *Vie active* et la *Vie contemplative*, destinées à la chapelle *della Madonna del Soccorso*, dans l'église de l'Annonciation.

Son début fut une statue du roi de France, aujourd'hui au château de Pau.

Lenoir, qui avait inhumé le corps de Henri IV à Saint-Denis, vantait la ressemblance de cette effigie, mais, toute question de ressemblance écartée, il faut reconnaître qu'il y a, dans cette œuvre pour laquelle on a été sévère, un effort de simplicité et de sobriété tout à fait remarquable de la part d'un artiste qui n'en fit pas toujours preuve. Le roi est représenté en pied, le manteau de cour jeté sur l'armure : de la main droite, il tient un bâton de commandement et de la gauche la garde de son épée.

Et dans un semblable sujet, ne faut-il pas savoir gré à Franqueville de nous avoir épargné une tentative vers le grandiose de convention, dont il était trop bien capable?

La statue du roi terminée, et celle de Gabrielle d'Estrées également, dit-on, l'artiste allait commencer d'autres travaux : nommé premier sculpteur du roi, logé au Louvre, princièrement appointé, il songea qu'il avait laissé sa famille en Italie et que son bail avec le roi de France serait plus long qu'il ne l'avait cru tout d'abord.

Henri IV lui accorda la permission d'interrompre ses travaux et d'aller jusqu'à Florence, le chargeant en outre de remettre au Grand-Duc de Toscane la lettre suivante :

« Mon Oncle, j'ay permis à Franqueville, qui vous rendra ceste-cy, d'aller à Florence pour en ramener avec lui sa femme et ses enfants; et parce que je ne veux pas qu'il s'arreste en son voyage, je vous prie de favoriser ses affaires, afin qu'il puisse revenir tant plus tost pour parachever ses ouvrages

DAVID VAINQUEUR DE GOLIATH
(Musée du Louvre).

qu'il a commencez par mon commandement, et vous me ferez plaisir. Il vous dira des nouvelles de ce à quoy je l'employe et de mes bastiments. A Dieu, mon Oncle, lequel je prie vous avoir en sa sainte garde.

Ce 1ᵉʳ septembre 1607, à Paris.

HENRY.

Parmi ces œuvres qu'il devait parachever à son retour, il y avait le groupe du *Temps enlevant la Vérité*, qui, après avoir été placé dans le jardin des Tuileries, fut donné par Louis XIV au chancelier Phelypeaux de Pontchartrain et se trouve aujourd'hui dans le parc du château de Pontchartrain.

Vers la même époque, il fit *Saturne enlevant Cybèle* et la statue de *David vainqueur de Goliath*.

Le comte de Clarac dit que l'on retrouve dans la pose et dans le style du *David* du Louvre beaucoup du caractère des œuvres de Michel-Ange et de Jean Bologne, ce qui n'est pas un mince éloge sous une plume aussi autorisée. Le Louvre possède encore un *Mercure* provenant de Saint-Cloud, un *Orphée* qui a été autrefois dans les jardins de l'hôtel de Condé et à Fontainebleau, enfin *les Nations vaincues*, quatre esclaves de bronze qui décoraient le piédestal de la première statue élevée à Henri IV sur le Pont-Neuf.

ORPHÉE
(Musée du Louvre).

A la mort du Béarnais, Franqueville conserva son titre de premier sculpteur du roi et fut appelé à prendre part, en 1614, à l'exécution du monument qu'on se proposait d'élever à sa mémoire. Ce monument, on le voulait grandiose, et, pour cela, on crut qu'il était nécessaire d'y faire collaborer un grand nombre de sculpteurs; les collaborations furent en effet assez inattendues :

sur un cheval exécuté par Jean Bologne, présent de Côme II de Médicis à Marie de Médicis, sa sœur, on monta la statue du roi, œuvre du sculpteur français Dupré; les bas-reliefs furent commandés à Franqueville, ainsi que les quatre esclaves enchaînés placés aux angles du piédestal sur le terre-plein du Pont-Neuf.

La première des statues représente *le Nord*. C'est un vieillard vigoureux, à la tête expressive, les mains liées derrière le dos, assis sur un tronc d'arbre et ayant à ses pieds ses armes brisées. *L'Occident* est représenté par une figure d'un beau caractère, encore un vieillard ayant à ses pieds un canon brisé et un casque.

*L'Orient* est figuré par un jeune homme au type grec dans une attitude pleine de noblesse. Enfin la quatrième statue est un nègre représentant *le Midi* et qui se recommande par une puissante musculature.

Franqueville avait commencé l'exécution de ces statues quand il mourut à son tour, laissant à son élève Francesco Bordoni le soin de les terminer, comme l'indique l'inscription qui se trouve sur le ceinturon de la cuirasse d'un des esclaves.

*A Petro Francavilla Cameracensi invintum et inceptum.*

*Franc. autem Bordoni florent° eius gener. perfecit Lutetiæ an. Dni. M. DCXVIII.*

Le Nord, un des quatre esclaves enchaînés des *Nations vaincues*.
(Musée du Louvre).

Au nombre des œuvres de Franqueville qui se trouvent à Paris, nous devons mentionner *le Berger Pâris*, provenant du Palais Vecchietti à Florence et qui se trouve aujourd'hui dans l'hôtel de M$^{me}$ la duchesse de Talleyrand et Sagan, statue pleine d'élégance et de charme; un beau corps d'éphèbe dont les lignes graciles et fuyantes semblent bien plutôt dues au ciseau d'un maître du xviii$^e$ siècle qu'à celui d'un héritier du style tourmenté qui remonte à Jean Bologne et à Michel-Ange.

Citons encore un buste qui se trouve au musée de Valenciennes : c'est celui d'Henri d'Oultreman, prévôt de cette ville de 1595 à 1598. Il faisait partie du mansolée qui avait été élevé à cet historien dans l'église Saint-Jean.

M. Eugène Müntz, qui n'a pas eu toujours la main légère pour notre sculpteur, a publié le testament[1] daté de Florence, le 21 novembre 1604, dans lequel Franqueville règle ses dispositions à l'égard de sa femme, Lucia Boni, et de ses deux filles, Smeralda et Olympia, qui brillèrent un moment à la cour de France sous le patronage de la maréchale d'Ancre. La première avait épousé en 1611 l'élève favori de son père, Francesco Bordoni.

LE BERGER PARIS
Collection de M.™ la duchesse de
Talleyrand et Sagan.

Il serait puéril de vouloir se le dissimuler : Franqueville n'a été que fort médiocrement goûté par les écrivains d'art moderne; il n'a pas eu, comme nous dirions aujourd'hui, une « bonne presse » et, depuis Louis Courajod, les critiques se seraient crus amoindris s'ils ne lui avaient décoché, en passant, de méchants coups de griffes.

On lui dénie toute qualité, mais on a été amené d'autre part à le discuter, ce qui prouve qu'on veut bien en tenir encore quelque compte.

Voilà comment se classent les artistes !

Mais Franqueville en a vu bien d'autres : « artiste maniéré », a dit l'un, « médiocre académicien » repartit un autre, on a même déploré sa venue en France comme « un malheur pour l'art français! » C'est lui reconnaître une influence dont nous n'aurions pas osé l'honorer, malgré toutes nos sympathies !

Courajod a fait mieux encore : il est, au musée du Louvre, un admirable buste de Jean Bologne vieux; ce buste, on l'attribuait à notre sculpteur, il importait de lui trouver un auteur qui ne fût pas « aussi médiocre que Franqueville » : Courajod s'en chargea, il proposa un autre élève de Jean Bologne, Pietro Tacca, et la chose fut admise

[1] Dont l'original appartient à M. le comte de Franqueville.

On nous trouvera téméraire d'oser nous élever contre un maître d'une autorité aussi incontestée, auquel nous devons tant de précieuses pages et de subtils éclaircissements sur l'histoire de notre art national. Mais ce que

Henri d'Oultreman
(Musée de Valenciennes).

faisait Courajod n'était pas toujours de la critique raisonnée, il avait pour lui certaine impression primesautière, certain « flair » tout personnel ; il faisait souvent de la critique de sentiment et il ne se trompait pas toujours. Par malheur, à sa suite se sont lancés des écrivains qui se plaisent à retirer à une œuvre connue et classée l'auteur qu'on lui donnait jusqu'alors, pour lui attribuer ensuite une paternité de leur choix. « Avec un semblable système, dit fort justement M. Engerand, l'histoire de l'art n'est pas près d'être écrite. »

M. Abel Desjardins, dans son savant ouvrage sur Jean Bologne persiste à attribuer le buste du Louvre à notre sculpteur, et ce qui nous porte à partager son avis, c'est l'étude de ce beau buste de guerrier romain, qui appartient à M. Léopold Goldsmidt.

JEAN DE DOUAI DIT JEAN BOLOGNE
(Musée du Louvre).

Le lecteur reconnaîtra avec nous que l'œuvre n'est ni vide, ni mauvaise, ni médiocre, mais au contraire d'une solide et large venue. Comment le sculpteur qui a modelé si largement les traits du guerrier n'aurait-il pu rendre l'énergie du masque de Jean de Douai?

De la même époque doit être la statue équestre en bronze de Louis XIII, alors âgé de douze ans, qui est au musée de Florence. Nous nous plaisons à espérer qu'on n'enlèvera pas à notre sculpteur la paternité de ce morceau capital et d'une si belle allure. Le jeune roi, bien campé sur sa selle, tient de la main droite un bâton de commandement : l'attitude est on ne peut plus élégante et simple; le mouvement de la tête plein de noblesse et de grâce. Quant au cheval, qui s'enlève au galop, il est bien établi, nerveux et d'un modèle qui tranche avec les chevaux de convention de la statuaire de l'époque.

Il nous semble que l'on a, pour juger Franqueville déplacé fortement la question : quoi! à une époque où la décadence est admise et reconnue, où Jean Bologne lui-même, l'héritier de Michel-Ange, se laisse aller trop souvent au maniérisme et à l'ampleur redondante, on exigerait que son élève fît montre de qualités d'un autre âge ! Mais ce serait là donner des preuves d'un admirable génie et nous n'avons jamais prétendu lui en décerner la palme.

Nous regrettons qu'on n'ait pas su tenir compte pour l'apprécier de l'époque où il vivait : on l'a jugé *en soi*, abstraction faite de toute influence de temps et de milieu ! Et cela, c'est une injustice contre laquelle il nous a paru bon de réclamer.

Enfin Franqueville nous apparaît comme un des derniers hommes de la Renaissance. Il en a la sève et la fougue, il en a la virtuosité et la fécondité, il en a surtout l'universalité.

Au temps où les peintres faisaient de la médecine et les hommes de lettres des mathématiques, Franqueville, sculpteur et peintre, parlant correctement l'espagnol, le français, l'allemand et l'italien, délaissait quelquefois l'ébauchoir et le pinceau pour se consacrer à l'étude.

Durant son séjour à Pise, c'est l'anatomie qui le captive, et plus tard, quand il fit route pour la France, il emportait un livre, le

BUSTE DE GUERRIER ROMAIN
(Collection de M. Léopold Goldsmidt).

*Microcosmo*, fruit de ses travaux et de ses recherches sur l'organisme humain, dont il avait lui-même dessiné les figures et qu'il se proposait de faire imprimer à Paris.

Il offrit au grand-duc de Toscane un *compasso di riprova* de son invention, grâce auquel on pouvait partager une ligne en autant de parties égales qu'on le désirait, un *squadro* ou lunette astronomique destinée à évaluer les distances, enfin une curieuse machine hémisphérique au moyen de laquelle il démontrait la théorie du flux et du reflux de la mer.

Comme artiste, Pierre de Franqueville peut figurer dans la galerie des artistes français près des Jean Bologne, des Girardon et des Coysevox. Il ne marche pas toujours de pair avec ces grands maîtres, mais il ne s'en tient jamais éloigné.

En pensant à ses débuts, à sa fuite dissimulée de la maison paternelle pour suivre sa vocation d'artiste, à sa lutte pour le libre choix d'une carrière, où les gentilshommes, dont il était, voyaient déchéance, le lecteur estimera, nous l'espérons, que Franqueville méritait une des premières places dans ces études que nous consacrons à des maîtres méconnus ou oubliés.

A MES COLLÈGUES

DE LA SOCIÉTÉ ARTISTIQUE DES AMATEURS

EN SOUVENIR

DE LA VISITE DU CHATEAU DE VAUX-LE-VICOMTE ET DE L'AIMABLE RÉCEPTION

QUI LEUR A ÉTÉ FAITE PAR M. ET M<sup>me</sup> ALFRED SOMMIER

F. S.

## NICOLAS FOUCQUET ET SES COLLABORATEURS

# VAUX-LE-VICOMTE

aux-le-Vicomte qu'a si admirablement restauré son propriétaire actuel, M. Sommier, est un des types les plus complets et les mieux réussis des châteaux du xviie siècle. C'est l'œuvre de Le Vau, de Le Brun, de Le Nôtre, et il faut ajouter de Foucquet, car ici le propriétaire ne s'est pas borné à fournir les fonds, il a revu, corrigé les plans, y a apporté son goût éclairé en matière d'art; il a été le collaborateur de l'architecte, du peintre, du dessinateur des jardins; et l'œuvre ne lui a pas coûté seulement la somme considérable de quatre millions, il l'a payée de la perte de ses biens, de ses honneurs et de sa liberté.

Lorsqu'on regarde ce palais et les jardins qui l'entourent, l'esprit doit voir au delà de la belle harmonie des lignes et de la pureté du style, il doit évoquer dans ce décor les personnages qui y ont joué un rôle. Et quels noms! Louis XIV, Anne d'Autriche, M$^{me}$ de Sévigné, M$^{lle}$ de Scudéry, M$^{lle}$ de La Vallière, Mazarin, Colbert, Corneille, Molière, La Fontaine, Pellisson; pour les artistes : Le Brun, Poussin, Puget; jusqu'aux petits rôles tenus

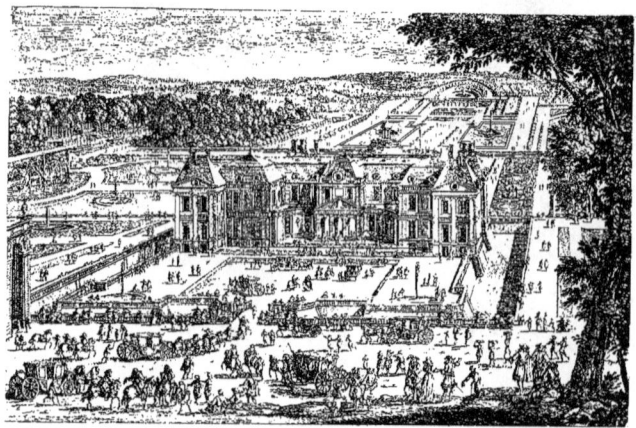

VUE DU CHATEAU DU CÔTÉ DE L'ENTRÉE
d'après une gravure de Perelle

par des premiers sujets chacun en son genre : Vatel, majordome de M. le Surintendant, et enfin d'Artagnan, le mousquetaire, on pourrait dire le « commandeur », qui, au dernier acte, vient arrêter le grand premier rôle, le très puissant seigneur Messire Nicolas Foucquet, chevalier, vicomte de Melun et de Vaux, ministre d'État, surintendant des finances, procureur général du Roi!

Quelle figure que celle de ce grand financier, occupant une des plus hautes magistratures du royaume! Remarquablement doué, charmeur élégant et désireux de plaire, artiste, lettré, épris de tout ce qui est beau, mais joueur

NICOLAS FOUCQUET
d'après la gravure de NANTEUIL.

forcené, violentant la fortune, ne reculant pas devant des procédés plus qu'audacieux, faisant bourse commune avec l'État et ne sachant plus au jour du désastre lequel devait à l'autre. Il ne tenait guère en cela de son père, François Foucquet, administrateur à l'esprit pondéré, ni de sa mère, Madeleine de Maupeou, « une vraie sainte », disent les mémoires du temps.

Nicolas Foucquet eut toujours du goût pour les constructions. Il avait d'abord acheté, rue Croix-des-Petits-Champs, l'hôtel d'Émery, qu'on appelait

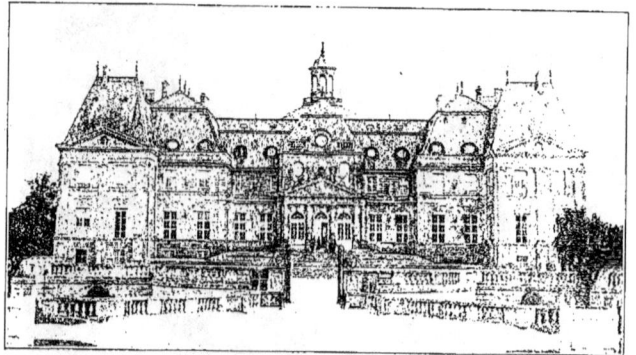

Vue du château (état actuel)
d'après une photographie du vicomte G. de Revers de Mauny.

l'hôtel commode, en raison d'un confortable inconnu jusqu'alors, qu'il agrandit considérablement par l'acquisition de plusieurs maisons et dont les jardins occupaient une partie de la place des Victoires actuelle. Il se rapprochait ainsi du palais de son chef, Mazarin; de même, à Saint-Mandé, où il achète une belle demeure touchant le parc de Vincennes, où habitait le cardinal; il en fait une résidence des plus élégantes, tout en montrant une certaine crainte de paraître trop luxueux. C'est ainsi qu'« il donne l'ordre de ne faire que des bâtiments bas et à un seul étage pour que l'élévation ne déplût à Sa Majesté[1] ». Il avait aussi créé à Saint-Mandé des jardins remplis

---

[1] *Mémoire sur la vie de Foucquet*. Lettre du conseiller de La Fosse à Séguier.

NICOLAS FOUCQUET ET SES COLLABORATEURS
pour la construction du château de Vaux-le-Vicomte.

de plantes rares, cultivées dans d'immenses serres dirigées par un jardinier hollandais; on y voyait deux cents orangers de grande taille qui devaient orner, plus tard, le château de Versailles.

Mais il voulait une terre et un château en harmonie avec sa grande situation, pour y laisser, disait-il, « la marque de l'estat où il avait été », et il commença à transformer le petit domaine de Vaux, que son père avait acheté comme étant voisin de la vicomté de Melun, sur laquelle il avait des droits.

On avait travaillé à Vaux dès 1643, mais ce n'est qu'en août 1656 que Foucquet signe avec Le Vau les plans et devis du nouveau château. Le Vau était fils du grand voyer du roi à Fontainebleau. Il avait déjà bâti l'hôtel Lambert, l'hôtel de Rohan et le château de Raincy. Lui aussi voyait grand. Pour l'emplacement du futur château, on ne se préoccupa que médiocrement des beautés de la nature. Le site était sévère, la vue peu étendue, mais l'art devait suppléer à tout. On rase le village de Vaux et deux hameaux qui en dépendent, on capte les eaux de la petite rivière d'Anqueuil pour faire le grand canal, et on creuse un réservoir de plus de deux mille mètres cubes dans la partie supérieure des jardins, pour alimenter les vasques, les jets d'eau, les miroirs, qui, du reste, ne devaient jouer que les uns après les autres sur le passage des invités, et qu'Israël Silvestre a gravés avant qu'ils ne fussent terminés. Enfin Foucquet s'attache Le Brun qui arrivait d'Italie, où il avait étudié, grâce à la libéralité du chancelier Séguier. Au dire de Voltaire, la pension annuelle de Le Brun, durant son séjour à Vaux, fut de vingt-quatre mille livres. Florent Comte parle de douze mille seulement, mais en ajoutant : « par dessus du payement de ses ouvrages[1] ». Ce n'est pas seulement comme peintre que Le Brun collabore à Vaux; décorateur et metteur en scène de premier ordre, il conseille Le Vau et Le Nôtre, il donne les dessins des vasques et des fontaines, il fait les maquettes des statues, il dessine le modèle des ornements, entrant dans le détail d'une rampe d'escalier, d'une serrure, d'un tapis et d'un meuble. Enfin il organise à Maincy, un village voisin, une manufacture de tapisseries de haute lisse avec des ouvriers venus des Flandres; c'est dans cette manufacture qu'ont été tissées les *Chasses de Méléagre ;* c'est là que les peintres Courant et Lefébure exécutèrent les copies de l'*Histoire de*

[1] Jabach, le grand collectionneur, dont les tableaux, achetés par Colbert, formèrent les premiers éléments du musée du Louvre, voulut s'attacher Le Brun, à raison de vingt pistoles par jour.

GRAND SALON

*Constantin*. Là a été l'origine d'une des plus belles créations artistiques de l'industrie française, car ce sont les ouvriers et les métiers de Maincy qui, transportés aux Gobelins[1] après la condamnation du surintendant, formèrent les premiers éléments de la manufacture royale[2].

Vaux fut bâti en cinq ou six ans, avec des alternatives d'activité et de ralentissement, suivant les dispositions d'esprit et les ressources du propriétaire, qui se sentait parfois entraîné au delà de ses forces.

On parlait trop à la cour, au gré de Foucquet, de cette construction. Colbert était venu en secret visiter les travaux, et lorsqu'on attendait des visites princières, qui avaient lieu même avant que les travaux ne fussent achevés, des notes de Foucquet ordonnaient de congédier les ouvriers, quelquefois au nombre de dix-huit cents, et de les renvoyer dans les villages voisins[3]. Le cardinal de Mazarin, qui était venu à Vaux, avait fait à la cour un tel récit de sa visite, que peu de jours après, le roi, la reine-mère et Monsieur arrivèrent à Vaux « comme en voisins[4] ». La journée se trouva belle et le temps fit les frais de la réception dont Leurs Majestés parurent fort satisfaites. Le roi y revint avec la reine Marie-Thérèse, peu de temps après son mariage. Il est donc inexact de dire, comme on le croit généralement, que la splendeur et le luxe de Vaux furent la seule cause de la chute du surintendant.

En regardant les gravures d'Israël Silvestre et de Pérelle, qui ont reproduit tous les détails du château et des jardins, on peut se rendre compte de ce magnifique ensemble, mais il faut lire la description qu'en a donnée M<sup>lle</sup> de Scudéry dans le roman de *Clélie*, description après laquelle il ne reste plus qu'à glaner.

« Ce lieu, dit-elle, a tant de beautés surprenantes, qu'on ne peut les imaginer sans les avoir veues... aussi a-t-il été entrepris et achevé par un homme qui ne fait rien que de grand et de qui l'esprit, par sa vaste étendue, ne peut concevoir de petits desseins; par un homme qui, donnant toute sa vie au service du Roy, veut mesme que ses plaisirs servent à l'embellissement et à la

---

[1] Les Gobelins appartenoient à une famille de teinturiers qui était venue s'établir à Paris, au cours du xv<sup>e</sup> siècle, sur les bords de la Bièvre ; ils donnèrent leur nom à ce quartier. Rabelais les cite dans *Pantagruel*.
[2] *Le château de Vaux-le-Vicomte*, par M. Eugène Grésy, annoté par M. Anatole de Montaiglon.
[3] Détail tiré de l'ouvrage si documenté et si intéressant de M. J. Lair sur *Nicolas Foucquet*.
[4] *Gazette de Loret*.

gloire de son pays. Vaux est situé à demi-journée de Paris; le chemin en est beau, et pour surprendre d'autant plus, on n'aperçoit sa beauté que lorsqu'on est arrivé à l'avant-cour qui est grande, belle et spacieuse. »

GRAND PANNEAU DU SALON D'ÉTÉ

L'entrée, en effet, est d'un aspect grandiose, avec sa première grille dont les pilastres sont formés par douze dieux taillés en façon de gaines de la plus grande allure et dont deux figures sont restées ébauchées comme au temps de Fouquet.

« La cour a quatre pavillons aux quatre coins avec d'autres cours des deux côtés qui dégagent celle-là. Quand on est dans cette avant-cour, on voit devant soi la façade du palais, qui est bâti sur une montagne d'architecture, s'il faut ainsi dire, car le perron, qui occupe toute la largeur de la seconde cour, donne une grande majesté au bâtiment. Mais avant d'arriver à ce perron, on trouve des fossés grands et beaux dont l'eau est claire et vive, on passe un pont et on entre dans la seconde cour. »

La gravure de Pérelle donne bien une idée de cet ensemble de fossés, de terrasses, de balustrades, de fontaines jaillissantes.

La façade du côté de l'arrivée est d'une belle ordonnance, d'un goût pur et simple, presque sans ornements; à peine quelques sculptures discrètes, des chiffres et des attributs au-dessus des fenêtres du rez-de-chaussée, huit bustes et un attique avec deux statues couchées couronnant la porte d'entrée. Le perron franchi, on se trouve dans un grand vestibule à trois arcades qui autrefois laissait pénétrer la vue à travers toute l'épaisseur du château; de belles colonnes soutiennent ce vestibule qui donne accès dans « le plus superbe salon qui fut jamais », au dire de M$^{lle}$ de Scudéry, et dont le dôme est soutenu par douze arcades d'une rare élégance; à la partie supérieure de ce hall qui tient toute la hauteur du château sont douze cariatides en ronde bosse représentant les signes du zodiaque, portant sur leurs têtes des corbeilles de fruits et reliées entre elles par des attributs et des fleurs. Ces cariatides et ces attributs étaient dorés au temps de Foucquet et se détachaient sur un fond rouge. Tout le bas de la pièce était peint en imitation de marbres de couleur.

Le dôme lui-même devait être orné d'une grande composition de Le Brun, dont M$^{lle}$ de Scudéry fait une description détaillée. Elle représentait *le Palais du soleil, les Saisons, les Heures, Jupiter, Vénus, Mercure,* avec, au centre, un écureuil et la devise *Quo non ascendet*[1]? « Jusqu'où ne montera-t-il pas ? »

Cette décoration n'était sans doute qu'esquissée en 1661; car si M$^{lle}$ de Scudéry et La Fontaine en font mention il n'en est resté d'autre trace que la belle estampe d'Audran, dans laquelle l'écureuil a été remplacé par l'écusson de France. Cette esquisse de Le Brun fut montrée au cavalier Bernin lors de son voyage en France. Il la trouva « belle avec abondance, et sans confusion », ajoutant que M. Colbert devrait la faire exécuter quelque part. Il existe

---

[1] Et non « *Quo non ascendam* », comme il a été dit par de nombreux auteurs.

encore à Vaux cinq plafonds peints par Le Brun, superbes compositions allégoriques où les dieux et les astres disent les mérites et la gloire du maître du lieu.

Dans l'antichambre de M^me Foucquet, à droite du grand salon, *l'Apothéose d'Hercule*. Entouré de huit bas-reliefs représentant l'homme domptant les

L'APOTHÉOSE D'HERCULE
(corniche du plafond de l'ancienne antichambre de M^me Foucquet).

éléments, le demi-dieu est enlevé dans les cieux sur un char d'or attelé de deux chevaux, dont l'un est noir et l'autre alezan. On lit sur une des roues du char, qui écrase un serpent, l'ambitieuse devise. Colbert portait, comme on sait, une couleuvre (*coluber*) dans ses armes. Ce serpent écrasé et qui se retrouve dans d'autres compositions ne semble-t-il pas être l'ennemi que l'on pressent, mais que l'on ne pourra vaincre aussi facilement en réalité qu'en peinture. Par l'inventaire publié par M. Bonnaffé, on sait qu'au temps de

Foucquet, quatre pièces de tapisserie représentant l'histoire de Clytemnestre décoraient cette salle et qu'il s'y trouvait une table de porphyre de trois pieds et demi, d'une grande valeur. Dans la chambre des Muses, qui était celle de Mᵐᵉ Foucquet et qui vient ensuite, le plafond représente *la Fidélité* montant vers le ciel, accompagnée de *la Prudence*, de *la Vertu* et de *la Raison*. Cette dernière montre Apollon qui, avec son arc, tire contre *l'Envie*. Aux voussures du plafond sont peints des sujets en camaïeu, représentant les divers genres de poésie, entourés de fleurs et d'attributs au milieu desquels se remarque un vase supportant un aigle, les ailes déployées, ayant sur sa tête un écureuil et tenant dans son bec une banderole sur laquelle on lit le *Quo non ascendet*.

Mais où le pinceau de Le Brun s'est surpassé, c'est dans la composition et la facture des huit Muses placées deux par deux aux angles des voussures. Le plafond, dont pourtant Félibien disait « qu'il est ce qu'il y a de plus accompli en France », ne gagne pas à ce voisinage. Là, tout est à louer, les chairs, les draperies, les attitudes. Rien de plus vivant que cette muse au visage rieur, tenant un masque de comédie à la main ; rien de mieux modelé que le torse et les épaules de celle qui se montre de dos, jouant de la guitare, et que l'on regrette de voir dans une partie un peu obscure du plafond. Félibien fait observer que si les Muses sont représentées sans ailes, c'est que Le Brun a voulu marquer qu'elles sont les gardiennes du lieu et qu'elles ne doivent pas en sortir. Avant la disgrâce du surintendant, les parois de la chambre des Muses étaient décorées de huit pièces de tapisserie rehaussées d'or représentant *l'Histoire de Vulcain* et provenant de la fabrique anglaise de Mortlake. On voyait dans cette chambre vingt fauteuils de peluche de Chine, quatre lustres en cristal de roche, des miroirs dans une bordure d'argent et, sur le sol, un tapis de Perse.

A gauche du vestibule d'entrée, se trouve le salon d'été. Malgré un peu de confusion et de lourdeur dans les attributs et les guirlandes de fruits et de fleurs qui décorent le dessus du portique faisant communiquer cette pièce avec une petite antichambre, les peintures décoratives de ce salon sont d'une bonne époque, d'une grande légèreté et d'un goût parfait. Dans un des panneaux, un baldaquin surmonte le chiffre de Foucquet, et dans celui qui lui fait face, des ornements analogues entourent les armes de sa femme, Marie-Magdeleine-Jeannin de Castille[1]. Le plafond, à compartiments réguliers, représente *la*

[1] Marie-Jeannin de Castille était la seconde femme du surintendant ; elle avait les mêmes goûts

*Chute de Phaéton* et *les quatre Saisons*. Ces peintures sont incontestablement antérieures à celles des Muses.

Elles sont d'un faire moins souple et d'une tonalité plus froide. Elles rappellent une frise qui se trouvait dans la grande pièce (à droite en entrant) qui sert aujourd'hui de salle à manger, et dont il ne reste que deux mor-

Corniche du plafond du salon des Muses

ceaux de cinq mètres chacun, placés dans le corridor du premier étage. Si ces frises ont été dessinées par Le Brun, c'est par un Le Brun se souvenant des bas-reliefs romains ; on y retrouve cependant certaines figures qui prendront place plus tard, avec plus de mouvement, dans *le Triomphe d'Alexandre*. Les personnages sont peints en camaïeu d'ocre sur un fond bleu ardoise. Les peintures des portes et des lambris de cette pièce, quoique mieux traitées, étaient dans le même goût. Le plafond a conservé les poutrelles peintes comme au temps de Henri IV.

artistiques que son mari. Le Brun lui donnait des leçons de peinture et se montrait très satisfait des progrès de son élève.

Ces poutrelles, de même que certains ornements et des paysages d'un faire un peu primitif, sont la preuve d'une époque de transition dans toute l'ornementation intérieure. Particulièrement dans la chambre du roi, on trouve une différence de plus de quarante ans entre le style des peintures des lambris représentant des natures mortes, et celui des plafonds. Sans doute, de vieux peintres travaillaient dans le bas à la mode de Henri IV et de Louis XIII, tandis que le génie moderne de Le Brun s'affirmait dans les compositions où il mettait au goût français le souvenir des décorations à l'italienne.

Pour terminer le rapide examen des pièces, nous devons signaler l'antichambre de la chambre du roi avec son plafond de la transition, une frise d'écureuils et d'intéressants dessus de portes ; la chambre de Louis XIV, où celui-ci n'a du reste jamais couché, avec un plafond encadré des figures de Jupiter, de Mercure, de Mars et de Pomone. La pièce qui vient après et forme l'angle du château a une décoration qui donne un avant-goût du plus pur style Louis XIV ; elle a dû être peinte à l'origine ou n'a peut-être jamais été terminée. Dans l'angle opposé de la construction, après la chambre de M<sup>me</sup> Foucquet est un petit salon dont la décoration sur fond or avec des attributs de pêche et des fleurs, est peut-être un peu trop chargée, mais où Le Brun a peint au plafond *Morphée*, sous les traits d'une charmante jeune femme endormie sur des nuages.

Enfin au premier étage, où se trouvait le cabinet de Foucquet, à côté duquel était la chambre de Le Brun, nous ne pouvons passer sous silence une pièce dont le plafond Louis XIII est décoré de deux compositions exquises, comme couleur et comme dessin, représentant *Actéon* et *Diane au bain*.

Il nous faut maintenant parler de l'œuvre de Le Nôtre, qui complète d'une façon si grandiose celle de Le Vau. Le Nôtre, fils d'un jardinier de Louis XIII, qui se qualifiait de « surintendant des jardins des Tuileries », avait étudié la peinture avec Simon Vouet, et son œuvre à Vaux-le-Vicomte fut la première manifestation de l'art nouveau créé par lui.

L'espace manquait aux jardins de la Renaissance, souvent enserrés entre les fossés des châteaux et ornés de maigres berceaux ou d'arbres verts taillés en forme de vases et d'animaux. Le goût artistique et l'ampleur de vues de Le Nôtre les transformèrent. Il inventa cet heureux mélange de motifs décoratifs.

de parterres, de quinconces, « d'effets d'eaux », que décoraient en marbre et en bronze les figures des dieux et des déesses, et qui constitue le jardin à la française.

Lorsque, du haut du perron, l'œil contemple ces larges allées, ces parterres

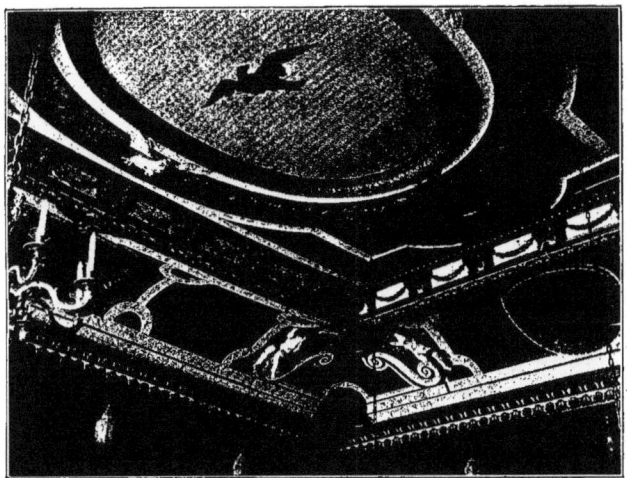

PLAFOND DE L'ANTICHAMBRE DE LA CHAMBRE DU ROI

aux dessins réguliers qui semblent des mosaïques de fleurs et de gazon bordées de buis et de sable coloré, ces mille jeux d'eaux d'où émergent les fontaines de la Couronne, celle des Animaux et la Gerbe, ces vasques et ces statues dans leur cadre de charmilles, on admire un ensemble que celui des jardins de Versailles peut seul égaler. Cette impression augmente encore à mesure qu'on approche du grand canal qui termine les parterres, lorsque entre deux masses de verdure apparaissent les détails puissants des grottes en rocaille et le vaste escalier en fer à cheval conduisant à la terrasse dont le mur de soutènement est orné de cariatides, de portiques et de cascades, et qui est couronnée par un Hercule en bronze doré trois fois grand comme nature. Si l'on se retourne alors du côté du château, on est charmé par l'œuvre si bien proportionnée de l'artiste qui a su transporter dans la nature le sentiment et la grandeur d'un paysage de Claude Lorrain.

Pour produire cet ensemble admirable du château et des jardins, Le Brun, Le Vau et Le Nôtre avaient eu des collaborateurs dont il nous faut parler.

GAINES DE LA GRILLE D'ENTRÉE

Comme peintres, ce sont Philippe Lallemant, de Reims, qui a exécuté les paysages de l'antichambre du salon d'été, et Baudrain, un peintre d'histoire et de portraits qui eut son heure de célébrité. On voit à Vaux des œuvres du Poussin, mais comme sculpteur seulement. C'est lui qui à Rome, sur la demande de l'abbé Foucquet, le frère du surintendant, modela douze Termes, dont deux sont aujourd'hui dans les quinconces du Nord et du Midi à Versailles. Le Poussin était un des agents que Foucquet avait en Italie pour la recherche des œuvres d'art et dont l'abbé avait la direction.

La mission de ce dernier n'était pas toujours facile, car il écrivait un jour à son frère : « Mesme pour sortir les moindres choses de Rome, il faut en parler au Pape ». Puget, qui avait été recommandé à Foucquet par Le Pautre, était chargé de l'acquisition des marbres et il sculpta pour Vaux l'*Hercule gaulois* que l'on peut voir au Louvre. Michel Anguier, qui devint recteur de l'Académie royale de peinture et de sculpture, a travaillé pendant plus de dix

VUE DU CHATEAU DU CÔTÉ DES JARDINS
(d'après une photographie du vicomte G. de Reviers de Mauny).

ans pour le surintendant ; il avait fait pour la maison de Saint-Mandé un groupe remarquable représentant *la Charité* sous les traits de M<sup>me</sup> Foucquet, avec ses enfants autour d'elle. C'est à Vaux que se trouvaient de lui trois statues de philosophes anciens, un *Apollon*, une *Cybèle*, *la Clémence* et *la Justice*. Enfin Thibaut Poissant, qui avait collaboré avec François Anguier au tombeau de Henri II de Montmorency, exécuta à Vaux plusieurs Termes et *la Renommée* couchée sur l'un des frontons. Comme sculpteurs ornemanistes nous trouvons les noms de Nicolas Legendre, de Lemort et celui du stucateur Domenico Cucci.

Le mobilier devait être en harmonie avec ces appartements si richement décorés. La liste en est intéressante, mais elle dépasserait les bornes de cette étude ; nous n'y relèverons, pour donner une idée du luxe qui régnait à Vaux, que cent trente tapisseries de haute lisse à personnages, dont plusieurs tissées d'or provenaient de la manufacture de Maincy, et un nombre considérable de merveilleux tapis de Perse et de Chine. Vingt-cinq lits avec leurs garnitures complètes et celles des fenêtres, parmi lesquels un de brocart à fleurs d'or de nuances diverses, garni de crépines à boutons d'or et d'argent

VUE DES JARDINS

fin ; un autre de velours vert garni de broderies or et argent avec courte-pointe de brocart or, argent, incarnat et vert. Ce dernier fut acheté par Louis XIV, à la vente des meubles du surintendant, pour la somme de quatorze mille livres. Enfin, comme petit détail, mais montrant le raffinement du luxe de l'époque, quinze parasols de promenade, dont quatre de moire d'argent avec franges argent et soie, et un cinquième en peau de senteur avec grande dentelle d'or et d'argent, chamarré de même.

Au moment où les travaux de Vaux touchaient à leur fin, Fouquet, qui pouvait se croire à l'apogée de sa puissance, paraissait avoir justifié pour lui et les siens, « Messieurs les Fouquet », comme on disait alors, le *Quo non ascendet* de la devise : et pourtant la chute est proche. Mazarin venait de mourir après avoir desservi le surintendant dans l'esprit du roi, et Colbert continuait le travail de démolition en mettant sous les yeux de Louis XIV les preuves des dilapidations et de l'irrégularité des comptes de Foucquet. Pour nombre de faits qui lui étaient reprochés, il n'avait fait cependant que suivre l'exemple de ses prédécesseurs.

Pourtant ce n'est pas tant le désordre et la dilapidation dont il s'était rendu

Vue des petites cascades de Vaux
(d'après le dessin original d'Israël Sylvestre).

coupable qui le perdirent, que l'excès de présomption et de vanité dont il allait donner de nouvelles preuves dans cette fameuse fête de Vaux, et surtout son attitude vis-à-vis de M$^{lle}$ de La Vallière. Soit dans un but politique, soit sous l'empire d'un sentiment d'une nature plus délicate, Foucquet avait écrit une lettre étrange et pour le moins bien imprudente à celle que le roi venait de distinguer. La Vallière, profondément blessée, avait tout raconté au roi, qui, dissimulant sa colère et sa jalousie, n'en accepta pas moins l'invitation du surintendant pour la fête qu'il fixa lui-même au 17 août et pour laquelle il y eut six mille invitations.

Le roi s'y rendit de Fontainebleau, accompagné de toute la cour, escorté par les mousquetaires et une troupe d'infanterie. Quoique connaissant déjà Vaux, Louis XIV en arrivant est étonné de tant de splendeur, et c'est le sourcil froncé qu'il traverse rapidement le château pour visiter les jardins. Le roi admire la création de Le Nôtre ; on lui présente La Quintinie, le jardinier potagiste, et Trumel, le jardinier orangiste. On rentre au château et on tire une loterie où les invités gagnent, les femmes des bijoux, et les hommes des armes. Puis un souper est servi sur quatre-vingts tables et trente buffets avec un luxe inouï de linge et d'argenterie : cinq cents douzaines d'assiettes d'argent, trente-six douzaines de plats, un service en or massif. Vatel avait dû se surpasser. Le souper coûtait cent mille livres.

Après le souper, la comédie fut représentée sur un théâtre mobile, monté sur des galets, dont les trucs étaient de Torelli et les décors de Le Brun, et qui fut amené du fond d'une allée près de la grille d'eau.

De feuillages touffus la scène était parée
Et de cent flambeaux éclairée...

Molière lui-même paraît sur le théâtre, en habit de ville, et s'excuse d'être seul et pris à l'improviste... Une coquille s'ouvre, la Béjart en sort, en costume de naïade, et récite un prologue composé par Pellisson, le secrétaire de Foucquet qui, s'adressant au roi, débutait ainsi :

Jeune, victorieux, sage, vaillant, illustre,
Aussi doux que sévère, aussi puissant que juste...

Au prologue succéda la représentation des *Fâcheux* de Molière, avec des figures de ballet qu'on y avait intercalées.

Mais ces éloges et ce spectacle, loin de dérider le front du roi, semblaient l'assombrir encore davantage. La vue d'une allégorie où Le Brun avait peint le portrait de M^me de La Vallière, mit le comble à sa colère. Un moment, Louis XIV eut la pensée de faire arrêter Foucquet au milieu de la fête, mais la reine mère lui fit comprendre ce que ce procédé aurait d'étrange vis-à-vis d'un hôte, et presque au même instant le surintendant recevait un billet de

Coypel. — La Maréchale de Villars

son amie, M^me du Plessis-Bellière, lui faisant connaître les intentions du roi à son égard. Quelle scène dramatique où les acteurs se contenaient et faisaient bon visage, pendant que la fête continuait au bruit des orchestres et aux détonations d'un feu d'artifice, dont le roi, voulant regagner Fontainebleau cette nuit même, n'attendit pas la fin.

Il existe encore à Vaux deux lions de pierre entre les pattes desquels se dresse un écureuil qu'ils semblent protéger ; ce jour-là, l'événement faisait mentir l'allégorie, car la griffe du lion allait déchirer le « Foucquet ».

Dix-neuf jours après la fête de Vaux, le 5 septembre 1661, la cour était à Nantes pour la tenue des États de Bretagne, et Foucquet, malade de la fièvre, venait d'y arriver, lorsque Louis XIV le fit arrêter par d'Artagnan à la sortie du conseil.

On sait que le procès dura trois ans, devant une chambre criminelle spécialement constituée. Au jugement, neuf voix pour la mort et treize pour le bannissement.

Foucquet avait mérité un châtiment, mais l'extrême rigueur dont on usa envers lui, la colère du roi, les manœuvres de Colbert, les lenteurs et les péripéties du procès, tout concourut à retourner l'opinion et à gagner à l'accusé la pitié universelle.

Les femmes et les poëtes, tous ceux pour lesquels il avait été aimable et généreux ne l'abandonnèrent pas. Parmi les plus fidèles et les plus courageux furent M^me de Sévigné, M^lle de Scudéry, Pellisson et La Fontaine, qui plaida avec tant de chaleur la cause de son ami dans la fameuse élégie des *Nymphes de Vaux* :

> Remplissez l'air de cris en vos grottes profondes ;
> Pleurez, nymphes de Vaux, faites croître vos ondes
> . . . . . . . . . . . . . . . . . . . . . .

Mais rien ne put attendrir le roi, qui commua la peine en une autre plus dure, la prison perpétuelle.

Foucquet, alors âgé de cinquante ans, fut conduit au château de Pignerol, sur les confins du Piémont, où il resta treize ans sans aucune communication avec le dehors. Il avait pour voisin de cellule le Masque de fer, et les seuls bruits du monde qui arrivèrent jusqu'à lui lui furent apportés par Lauzun.

prisonnier aussi. Enfin il mourut à Pignerol, après seize ans de captivité, au moment où il semblait que sa grâce allait lui être accordée.

Versailles et les Gobelins sont les héritiers directs de Vaux-le-Vicomte et de Maincy, car Louis XIV, après la chute du surintendant, manda auprès de

Le Brun. — Morphée
plafond du petit salon.

lui, pour construire et embellir Versailles, les grands artistes qui s'appelaient Le Brun, Puget, Le Nôtre, Le Vau ; et si à un certain point de vue Foucquet a rendu un mauvais service au pays, en donnant l'exemple du faste au plus fastueux des rois, il n'a pas moins contribué pour une large part à développer chez Louis XIV le goût des lettres et des arts. L'histoire fera le procès du financier hasardeux et trop peu scrupuleux, mais les poètes et les artistes protégeront sa mémoire.

88  VAUX-LE-VICOMTE

Il nous reste à dire rapidement ce qu'il advint de Vaux après la chute du surintendant. Mme Fouquet, qui grandit, elle aussi, dans la mauvaise fortune, était séparée de biens d'avec son mari. Elle put racheter Vaux aux créanciers. En 1705, à la mort de son fils, elle vendit le domaine au maréchal de Villars qui, ayant plus de goût pour les armes que pour les choses de l'art, logea un régiment dans les communs et laissa les ronces envahir

Houll. — L'enlèvement d'Europe.

l'œuvre de Le Nôtre. Il reste cependant une trace artistique charmante de son passage : c'est le portrait en pied de la maréchale jouant de la guitare et souriant à un jeune homme vêtu seulement d'une légère draperie qui se penche galamment vers elle; peinture excellente que nous ne craignons pas d'attribuer à Coypel et qui orne un panneau du petit salon doré sur le jardin.

Du temps de Villars, on y recevait nombreuse et élégante compagnie, on y voyait les ambassadeurs et les princes étrangers de passage à Paris ; Voltaire y venait souvent, et lorsque la nuit était belle, il faisait un cours d'astronomie aux dames sur le perron du château.

En 1764, Villars céda Vaux à Gabriel de Choiseul, duc de Praslin. Villars avait vendu pour quatre cent mille livres la plus grande partie des tuyaux de plomb qui amenaient les eaux dans les fontaines. M. de Choiseul et ses héritiers ne firent pas mieux. Les parterres furent abandonnés, et quand un paysan d'un village voisin avait besoin de pierres de taille, on lui permettait de prendre celles des vasques et des bassins.

Cardet. — Tigres

Heureusement pour l'art qu'un homme d'un goût éclairé devint propriétaire de Vaux en 1875. Il n'est que juste de rendre hommage à M. Sommier à qui l'on doit la restauration, et sur certains points la reconstitution de ce monument historique. Lui aussi a vu grand, mais avec la raison de l'homme qui a un plan bien arrêté. Dans sa restauration de Vaux, M. Sommier a eu le rare mérite d'empêcher toute soi-disant amélioration sur ce qui était autrefois. Grâce à lui, le château est aussi complet à l'intérieur et à l'extérieur qu'au temps de Foucquet. Les cascades et les bassins, qui n'étaient plus qu'un amas de ruines et de décombres recouvert de broussailles, ont retrouvé leurs eaux. Les jardins se sont repeuplés de statues et de groupes de marbre, parmi lesquels nous devons signaler : *l'Enlèvement d'Europe* et *Nessus et Déjanire* par Hiolle, un artiste de grand talent, mort avant d'avoir achevé son œuvre qui n'y devait rien perdre cependant, puisque Chapu se chargea de la terminer; les *Chevaux marins* de Lanson ; les *Quatre parties du monde* et les plombs dorés des miroirs de Peynot ; *la Vague et l'Écueil*, de Loisel ; les *Lions* et les *Tigres* de Gardet qui ont eu la médaille d'honneur au Salon de 1898.

On doit féliciter M. Sommier d'avoir donné aux sculpteurs l'occasion, trop rare à notre époque, de produire leurs statues ailleurs que dans les squares et les jardins publics. La restauration de Vaux-le-Vicomte est une œuvre, et, en la menant à bonne fin, M. Sommier a bien mérité de l'art français [1].

[1] BIBLIOGRAPHIE : *Mémoires sur Foucquet*, Chéruel. — *Nicolas Foucquet*, J. Lair. — *Charles Le Brun et les arts sous Louis XIV*, Henry Jouin. — *Foucquet collectionneur*, Edmond Bonnaffé. — *Vaux-le-Vicomte*, Anatole France et Rodolphe Pfnor. — *Journal du Bernin*. — *Le château de Vaux-le-Vicomte*, Eugène Grésy et A. de Montaiglon. — *Comptes des bâtiments du roi*, J.-J. Guiffrey. — *Gazette de Loret*.

# LAMPI

A critique ne s'éloigne pas volontiers des maîtres ; ils lui sont une source sans fond où, comme malgré elle, elle revient constamment puiser. Là, tandis que les uns jugent simplement sous leur angle propre, d'autres, à force de vouloir raffiner sur les intentions, finissent par prêter aux artistes des physionomies et des tendances qu'ils eussent certes été bien surpris de se voir découvrir.

Aux maîtres les grandes études, cela va de soi ; mais, n'y a-t-il que des chênes dans la futaie, et ne doit-on pas tenir compte de la vigueur de sève avec laquelle se sont développés d'autres arbres de moindre importance ?

Si, dans les gros livres sur l'histoire de l'art, on accorde une aussi faible place aux artistes de second plan et si l'on revient sans cesse à ceux dont la gloire est consacrée, c'est que les circonstances — expositions, anniversaires, etc. — se chargent de les remettre à chaque instant au programme de l'actualité. Aussi ne trouvera-t-on pas mauvais que, laissant de côté les illustres,

Lampi, par lui-même (au Ferdinandeum, à Innspruck).

nous nous plaisions à chercher ceux qui sont restés sous leur ombre, les méconnus ou les oubliés, dont le mérite vaut d'être rappelé, dont les œuvres ont bien, elles aussi, leur intérêt.

Lampi? Qui, en France, connait Lampi autrement que de nom? Deux ou trois auteurs le citent, et, veut-on se renseigner sur lui, une encyclopédie vous

Lampi. — Le fils aîné de Lampi et son petit-fils
(au Ferdinandeum, à Innspröck).

résume sa biographie en dix lignes, le fait naître en 1751 et mourir en 1830, indique son « genre » et conclut avec ce jugement dont la concision est sans doute le seul mérite : « Sa facture est molle ».

Du moins, les auteurs étrangers qui parlent de lui le font-ils en termes moins sévères. C. de Wurzbach, le plus complet, n'a malheureusement pas assez insisté sur sa vie même. Il est bien rare que les phases diverses d'une existence d'artiste n'aient pas influé, d'une façon souvent décisive, sur l'orientation de son talent. Et à tant d'exemples qui peuvent venir à l'esprit du lecteur, nous en ajouterons aujourd'hui un nouveau, bien caractéristique.

Voici un enfant de condition modeste, fils d'un peintre de Romeno, près Trente, dont la réputation ne dépassait guère l'ombre du clocher de son village; il montre, jeune, quelques dispositions pour le dessin, atavisme des plus communs. Le père, lui ayant inculqué les notions premières, rêve pour son héritier une autre renommée que la sienne et l'envoie, âgé de dix-sept ans, compléter ses études à Salzbourg. Là, le jeune Giambattista, praticien plutôt qu'élève, travaille consciencieusement aux fresques de son maître Unterberger, et quand, trois ans plus tard, il rentre au pays natal, c'est avec un peu plus de métier peut-être, mais sans grande sûreté de direction, sans développement appréciable de sa personnalité. Il se marie et se rend à Vérone où le peintre Lorenzi, élève de Tiepolo, devient son véritable éducateur; mais fresques et retables sont toujours ses sujets favoris, il est peintre religieux et rien ne fait prévoir le changement qui va s'opérer en lui.

Appelé à Trente par quelque travail de restauration, il lui arrive de peindre des portraits; aussitôt sa réputation se répand, et, dès son retour à Vérone, le voilà connu, puis bientôt célèbre.

Dès lors, commence une curieuse existence, rappelant par certains côtés celle des troubadours du moyen âge qui portaient de châteaux en châteaux leurs chants et leurs poèmes. Une différence capitale pourtant : alors que pour ces poètes errants, pauvres hères le plus souvent, le gîte et le repas constituaient un double problème à résoudre chaque jour, Lampi, peintre des châteaux et des cours, largement rétribué, ne quittait un palais qu'appelé dans un autre. Quand on saura qu'il ne mit pas moins de vingt années à faire le trajet de Trente à Saint-Pétersbourg, on conviendra que les hôtes ne lui manquèrent pas sur le chemin.

Après avoir exécuté à Trente les portraits du prince Sizzo et du prince

Le comte Félix Potocki et ses deux fils
(appartient au comte Nicolas Potocki).

Thun, Lampi était revenu à Vérone où l'Académie s'empressait de lui ouvrir ses portes; mais deux ans plus tard, il quittait pour n'y plus revenir ce berceau de ses premiers succès, et, muni des lettres de recommandation que lui avait remises son ami le chanoine Lodron, lors de son passage à Roveredo, il se présentait à Innsprück, chez le prélat de Wildau.

Il ne pouvait souhaiter accueil plus favorable ni commandes plus nombreuses ; tableaux religieux et portraits se succédaient sans interruption, si bien que le *Martyre de saint Gilles* et plusieurs autres compositions, destinées à des églises du Trentin, alternaient sur son chevalet avec les portraits des comtes Enzenberg, Auersperg, de l'archiduchesse Élisabeth, etc.

Cette dernière toile lui valut d'être mandé à Klagenfurt, résidence de l'archiduchesse Marie-Anne, pour y peindre cette princesse.

En 1783, il est à Vienne, et, pendant les trois années qu'il y réside, c'est à peine s'il peut suffire aux commandes qui l'assaillent de toutes parts; à parcourir la liste, bien incomplète sans doute, de ceux qui lui demandèrent leur portrait, on se fait une idée de la vogue qui entoura ce jeune artiste étranger pendant son séjour et du prix qu'on attachait à poser devant lui.

Parmi ses toiles les plus remarquées d'alors, il convient de citer les portraits du conseiller de la cour de Born, du prince et de la princesse de Paar, de la duchesse de Wurtemberg, du général Terzi, du comte Fries, du prince Wenzel Kaunitz Rittberg, du baron de Sperges et de la princesse Glassal-Kowitz.

Et, suivant le goût des grands de sa cour, l'empereur Joseph lui-même voulut avoir son portrait par le peintre à la mode ; le tableau, dans lequel il est représenté en pied, de grandeur naturelle, prit place à l'Académie des Beaux-Arts de Vienne où le peintre fut nommé professeur et conseiller, en 1786.

L'année suivante, c'est le roi de Pologne Stanislas-Auguste qui appelle Lampi à Varsovie, lui offrant pour un portrait une somme considérable et une tabatière d'or.

Quels modèles, en cette fin du xviiie siècle, que ces grands seigneurs polonais, à l'esprit cultivé, aux manières élégantes et aux riches costumes ! Comment le goût de Lampi ne se serait-il pas affiné et élevé en un tel milieu où les arts étaient en honneur et où nombre de gentilshommes et de grandes dames, à l'exemple du roi, maniaient avec talent le pinceau, l'ébauchoir et le burin !

Au premier rang des œuvres du maître à cette époque, nous placerons les deux portraits, nous devrions dire les deux tableaux de la famille du comte Stanislas-Félix Potocki, palatin de Russie.

Dans l'un, le comte est représenté avec une armure sur laquelle se détache le grand cordon bleu de l'ordre de l'Aigle blanc ; il porte la poudre qui fait ressortir une figure énergique à l'œil intelligent et fier; près de lui, appuyé sur un casque, dans une pose d'une grâce charmante, son plus jeune fils Stanislas, en costume gris clair; en arrière de ce dernier, un des aînés de ses seize enfants. Félix, figure exquise d'un calme saisissant, avec des regards

Comtesse Sophie Potocka (la belle Grecque)
(Galerie du comte Nicolas Potocki).

profonds; le faire et l'expression de cette physionomie font songer à certaine tête de Prud'hon. L'autre portrait est celui de la comtesse, née Joséphine Mniszech, seconde femme du comte, avec un de ses enfants. Lampi a dû se complaire dans l'exécution de son modèle; la beauté grave de celle qu'on appelait *la Junon de Pologne* se prêtait merveilleusement à la délicatesse de son pinceau. On trouverait difficilement parmi les œuvres appartenant au même genre un portrait plus accompli à tous égards. La régularité des traits, le calme des figures ôtent à la composition ce qui, en raison de la pose et du costume, pourrait paraître un peu théâtral, et malgré le turban, le voile de mousseline et les draperies, l'ensemble garde un réel caractère de simplicité; cette toile rappelle certains portraits de M$^{me}$ Vigée-Le Brun.

Les deux tableaux sont dans la galerie du comte Nicolas Potocki, le petit-fils du comte Félix, qui possède deux autres toiles de Lampi, notamment un portrait de la comtesse Sophie Potocka, troisième femme du comte Félix, *la belle Grecque*, si connue par le tableau de la Gäfin Potocka du Musée de Berlin. Un autre portrait de la comtesse Sophie Potocka par Lampi est à Saint-Pétersbourg et appartient à la comtesse Schouvaloff; il a été donné à sa mère, M$^{me}$ Narischkine, fille de *la belle Grecque*, par l'empereur Nicolas I$^{er}$; la comtesse porte un corsage bleu de ciel et tient une pomme à la main. Une réplique de ce portrait se trouve chez la princesse Georges Radziwill.

La comtesse Joséphine Potocka, née Mniszech, était une femme d'une rare intelligence; très cultivée et très instruite, de même que son mari, elle s'occupait de peinture et a exécuté de nombreux tableaux d'autel pour les églises. Elle savait le grec, le latin et l'hébreu; elle avait voulu étudier la magie et la cabale, ayant connu Cagliostro et Swedenborg, mais n'avait pas tardé à percer à jour leur charlatanisme. C'est elle que l'on voit dans un portrait appartenant à la comtesse Czacka, née princesse Sapieha, qui représente le groupe de la mère et de la fille. La comtesse est assise devant son chevalet; les mains croisées et posées sur les genoux, elle regarde son travail comme pour y trouver à redire; sa fille, Idalie, qui devint princesse Sapieha, une des plus gracieuses figures que le maître ait rendues, est debout, appuyée sur son épaule; la palette, à côté d'elle, se détache dans l'ombre. Ce n'est pas seulement un portrait, mais une composition charmante de simplicité : c'est tout un tableau complet, avec deux figures. On avait du reste à cette époque un goût très vif pour les tableaux de famille, qui, au charme de la ressemblance, ajoutent l'intérêt du milieu et du cadre où les gens ont vécu. Lampi ne pouvait tenter de se soustraire à la mode. Nous avons de lui un autre tableau représentant, au milieu de la grande salle du château de Tulczyn, la comtesse Potocka, assise devant un chevalet et copiant le portrait d'un de ses enfants peint par Lampi; le maître lui-même, debout derrière elle, une palette à la main, lui fait observer un détail de Sa copie; auprès d'eux, l'architecte de

Tulczyn. Latour, que Lampi a peint également[1], donne aussi son avis ; aux murailles de la salle sont suspendus les portraits des enfants.

Enfin, pour ne pas sortir de la famille, nous devons signaler les portraits du prince Sapieha et une délicieuse tête du prince Eustache Sapieha à quatorze ans, dont l'air intelligent et espiègle est accentué par des cheveux à la

L'Architecte Latour (Galerie du comte Nicolas Potocki).

Titus, un costume de page aux manches à crevés, et une grande collerette de mousseline, qui laisse voir le cou et la naissance de l'épaule[2].

Il existe encore un portrait de la comtesse Potocka avec son petit-fils Alfred Potocki : c'est une œuvre pleine d'élégance sérieuse où la pose un peu maniérée, la magnificence des voiles blancs d'une vestale idéale, n'enlèvent rien au caractère de la grande dame. Ce portrait fit beaucoup de bruit à Vienne,

[1] Le portrait de Latour se trouve aussi dans la galerie du comte Nicolas Potocki.
[2] Ces deux portraits sont à Paris chez la comtesse Marie Branicka, née princesse Sapieha.

ainsi que celui d'une personne inconnue tenant un rouleau de musique et vêtue d'une robe lilas pâle, couleur que Lampi paraît affectionner. Lorsque, au

Comtesse Joséphine Potocka, née Mniszech, et sa fille la princesse Sapieha
(Collection de M<sup>me</sup> la comtesse Czacka, née princesse Sapieha).

début de notre travail, nous cherchions au loin des œuvres du maître, nous ne nous doutions guère que nous trouverions à Paris plusieurs des plus remarquables d'entre elles. Presque toutes appartiennent aux descendants des grandes familles polonaises que nous venons de citer et ont été exécutées pendant les séjours du peintre à Varsovie, à Cracovie et dans les châteaux environnants.

Lampi a passé à Varsovie tout le temps de la Diète de quatre ans et il a peint les principaux acteurs de cette époque mémorable dans l'histoire de Pologne. Dans un de ces portraits, qui se trouve au musée Czartorizski, le roi est représenté avec le costume royal; une autre fois, il est drapé dans une robe de chambre verte. Un portrait en buste de Stanislas-Auguste par Lampi, d'une posture élégante et souple, est à Paris chez le comte Geoffroy de Kergorlay; il est signé et daté, ce qui est très rare dans les œuvres de ce maître.

Le prince Sapieha
(Appartient à la comtesse Branicka).

De la même année sont: le maréchal Malachowski, l'hetman Xavier Branicki, en armure et de grandeur naturelle, avec ses deux jeunes fils à ses côtés[1], l'évêque Soltyk, les princes de Nassau, la comtesse de Zyberg, la princesse Oginska, le prince Casimir Sapieha, surnommé Nestor, maréchal de la Diète[2]; ce dernier portrait est plein de vie et de grâce juvénile; le costume rouge, avec un manteau vert foncé, fait encore ressortir la carnation délicate des chairs. C'est un des plus beaux portraits de Lampi, digne d'être placé en première ligne avec celui du comte Vandalin Mniszech, grand maréchal de la cour, staroste de Lublin, grand secrétaire de Lithuanie, etc. Dans ce dernier, dessin, modelé, couleur, tout est en harmonie; la tête, avec les cheveux poudrés, rayonne d'intelligence; il y a de l'éclair dans le regard, de la finesse et de l'esprit dans le sourire, une suprême distinction dans toute l'attitude; la main qui tient une médaille d'or à l'effigie de Stanislas-Auguste n'est pas moins bien

---

[1] Ce portrait est au château de Biatocerkief, chez la comtesse Branicka.
[2] Dans la galerie du prince Adam Sapieha, au château de Krasiczyn. Une grande partie de ces portraits ont été gravés par John, par J. Pichler et par James Walker.

Lampi. — La princesse Pauline de Schwartzenberg

traitée que la figure ; jusqu'au manteau de soie, d'un rose vineux, jeté dans le goût des draperies des maîtres du xviii° siècle qui ajoute à la noblesse de l'ensemble ; c'est bien ainsi qu'on se figure un grand maréchal de cette cour élégante de Pologne. Le modèle[1] n'a pas l'air d'être venu chez son peintre pour dire : « Peignez-moi » ; c'est le peintre, vivant dans son intimité, qui l'a saisi sur le vif.

Nous classerons sur le même rang le portrait du comte Louis Starzinski, avec une armure et une collerette tuyautée à la Henri IV[2], et celui du comte Stanislas Ledochowski.

La vogue de Lampi témoigne d'autant plus de son mérite qu'il n'était pas le seul peintre de talent travaillant alors en Pologne. Il avait à lutter avec des rivaux tels que Grassi, Graaf et Bacciarelli, dont les œuvres, que nous espérons faire connaître un jour[3], sont vraiment de premier ordre.

De Varsovie, après un séjour à Cracovie et dans les châteaux environnants, Lampi arrive à Jassy où il fait encore de nombreux portraits, entre autres ceux du général Papozy, de la princesse Galitzin et du prince Besborodko, grand maître de la cour, directeur général des postes. Dans ce dernier qui est à Saint-Pétersbourg, chez le comte Koucheleff, il a su donner le caractère du personnage qui, d'après Ségur, avait l'esprit le plus fin dans un gros corps, et qui, gastronome émérite et viveur, ne redevenait l'homme d'affaires sérieux qu'aux portes du cabinet de l'impératrice Catherine. Outre le prix convenu, Besborodko remit au peintre une médaille d'or de la valeur de 70 ducats, et, ce qui pour Lampi était d'un bien autre intérêt, il joignit ses éloges à ceux qui, à Saint-Pétersbourg, vantaient le talent de l'artiste. Mais c'est Grégoire Potemkin, prince de Tauride, qui fut surtout son puissant protecteur. Le portrait que le maître a fait de lui est un peu officiel, avec son uniforme de feld-maréchal, ses grands cordons et ses plaques, parmi lesquelles on voit en première place le portrait de l'impératrice entouré de brillants. La tête est de trois quarts, sans doute pour dissimuler un peu l'œil perdu dans sa jeunesse. Il nous semble que Lampi doit avoir rendu exactement la physionomie de son modèle qui réunissait les contrastes les plus frappants : insolent et d'une politesse raffinée, prudent et audacieux, avare et prodigue

---

[1] Ce portrait est à Paris, dans la galerie du comte Léon Mniszech.
[2] Appartenant à son petit-fils, le comte Boleslas Starzinski.
[3] Dans un travail en préparation *La cour de Russie et les peintres au XVIII° siècle*.

fastueux, rusé et confiant, féroce et miséricordieux, en un mot le type de ce grand favori, un hercule qui avait de l'esprit naturel et du bon sens.

Ce portrait, qui est à Moscou dans la galerie Prassischnikoff, a été gravé par Walker en 1789, ce qui prouve l'inexactitude de l'affirmation de Nagler prétendant que Lampi, en arrivant de Varsovie à Jassy à l'appel de Potemkim l'avait trouvé déjà mort.

LE PRINCE EUSTACHE SAPIEHA
(Collection de la comtesse Branicka).

Sous les auspices d'un tel protecteur, Lampi ne pouvait manquer d'être bien accueilli par l'impératrice. Catherine II avait-elle un sens artistique développé? Si la question est sujette à controverse, il est certain, en tout cas, qu'elle a voulu encourager les arts. En posant devant Lampi[1], en 1794, pour son portrait officiel, elle a fait au peintre une faveur que n'avaient pu obtenir des artistes plus renommés. Elle est en pied, debout devant le trône, le sceptre dans la main droite, le bras gauche étendu; sur les épaules, un manteau d'hermine; sur la tête, un léger diadème en diamants; dans le fond du tableau, les figures allégoriques de la Vérité avec un miroir à la main, et de la Force qui soutient une colonne.

Le poète Derjovine a consacré des vers à ce portrait :

> Ta maestria, o Lampi,
> A su réunir dans cette figure
> L'esprit universel, la grandeur d'âme,
> La divinité, en un mot l'image de Catherine.

[1] L'original de ce tableau est à l'Ermitage ; une petite esquisse se trouve dans le palais Gatchina une autre est à la Banque d'État, mais dans cette dernière les figures allégoriques diffèrent.

Il est vrai qu'un des auteurs des *Mémoires secrets sur la Russie* est moins hyperbolique quand il écrit :

« A soixante-sept ans, Catherine avait encore des restes de beauté. Ses

Stanislas-Auguste, roi de Pologne.
(Collection du comte Geoffroy de Kergorlay).

cheveux étaient toujours arrangés avec une simplicité antique et un goût particulier ; jamais couronne ne coiffa mieux une tête que la sienne. Elle était d'une taille moyenne, mais épaisse ; et toute autre femme de sa corpulence n'aurait pu se mettre d'une manière si séante et si gracieuse... Le bas de son visage avait quelque chose de rude et de grossier ; ses yeux gris clair quelque chose de faux, et un certain pli à la racine du nez lui donnait un air un peu

L'Impératrice Catherine II
Musée de l'Ermitage

sinistre. Le célèbre Lampi l'avait peinte depuis peu, assez ressemblante, quoique extrêmement flattée ; cependant Catherine, remarquant qu'il n'avait pas tout à fait oublié ce malheureux pli qui caractérise sa physionomie, en fut très mécontente et dit que Lampi lui avait donné l'air trop sérieux et trop méchant. Il fallut retoucher et gâter le portrait qui paraît être celui d'une jeune nymphe. Le célèbre Le Brun, qui se trouvait à Saint-Pétersbourg et qui ne put obtenir l'honneur de la peindre vivante, l'envisagea morte et la peignit de souvenir et d'imagination ; ce portrait dont je vis l'ébauche est très ressemblant. »

Le refus de Catherine de poser devant M<sup>me</sup> Vigée-Le Brun provenait de ce que celle-ci n'avait pas réussi, suivant elle, les deux grandes-duchesses Alexandra et Héléna Pawlowna, réunies en un même groupe. L'impératrice avait écrit à Grimm au sujet de ce tableau : « La première a une figure noble, intéressante, l'air d'une reine ; la seconde est une beauté parfaite, avec une mine de sainte Nitouche. M<sup>me</sup> Le Brun vous accroupit ces deux figures-là sur un canapé, tord le cou à la cadette, leur donne l'air de deux carlins se chauffant au soleil ; ce sont deux singes accroupis qui grimacent à côté l'un de l'autre. »

L'Impératrice Catherine II
(Collection de M<sup>me</sup> la marquise de Champeaux, née Yermoloff).

Jugement formulé d'une façon trop sévère sans doute, mais il faut convenir, en voyant la composition du groupe, que les jeunes grandes-duchesses n'avaient pas eu le don d'inspirer l'artiste.

Dans le portrait officiel, Lampi a surtout rendu la majesté royale, mais, dans ses bustes, on trouve la grâce qui fait le charme du portrait féminin. Le nombre de ces derniers est considérable. Nous signalerons seulement ceux que nous connaissons en France. Celui que nous reproduisons appartient à Mme la marquise de Champeaux ; il a été donné à son grand-père, le général Alexandre Yermoloff, par l'impératrice, alors qu'il était chambellan attaché à sa personne. L'impératrice porte le collier de Saint-André avec la plaque et le grand cordon. L'ensemble, plein de grâce et de majesté, est d'une excellente facture. Un autre est à Senlis, chez M. Fautrat [1] ; il provient de Ferdinand de Meÿs, ancêtre de Mme Fautrat, qui ayant émigré comme officier au régiment « Prince de Ligne », utilisa pour vivre son talent d'amateur en Russie et devint peintre de l'impératrice.

Un autre du même type était chez la baronne de Roman Kaiseroff. Enfin il s'en trouve un quatrième, d'un genre tout différent, chez la comtesse Bobrinski, dans lequel Catherine porte bien son âge : elle a au cou une large collerette de dentelle et est vêtue d'une veste de soie bleue à galons et franges d'argent sur les coutures. La comtesse Bobrinski possède un autre portrait en pied de Catherine II où l'impératrice est représentée tenant de la main droite le sceptre incliné au-dessus de la couronne impériale posée sur un tabouret. La robe de satin blanc très ample est à panneaux avec broderies de feuilles de laurier bleu et argent du plus charmant effet; elle a sur la tête un petit diadème de pierreries et au cou le collier de Saint-André et le grand cordon de Saint-Georges.

Lampi reçut pour le portrait en pied de l'impératrice 12 000 roubles, plus une rente annuelle de 4 000 roubles pendant son séjour, et enfin 400 ducats pour ses frais de voyage.

A l'exemple de Catherine II, tous les autres membres de la famille impériale, à commencer par la grande-duchesse Marie Feodorovna, la tzarine future, posèrent devant Lampi. C'est à propos d'un portrait de la grande-duchesse Marie Feodorovna que le nom de Lampi fut prononcé une des premières fois en France. Ce portrait, qui est cité dans le livre de l'éminent membre de l'Institut, M. Anatole Gruyer, sur la galerie de Chantilly, avait été acheté par le duc d'Aumale sur la recommandation du peintre Eugène Lami, sans que l'on sût le nom de l'auteur ni celui du modèle. Lorsqu'un jour où le prince faisait à S. A. I. le grand-duc Vladimir les honneurs de son musée, celui-ci s'arrêta devant le tableau en disant : « Mon aïeule, Marie Feo-

[1] Le même, reproduit en tapisserie par la fabrique impériale de Saint-Pétersbourg, se trouve chez la comtesse Branicka.

Lampi. — La comtesse Joséphine Potocka avec Lampi et l'architecte Latour

dorovna, par Lampi »... et l'on put combler ainsi la lacune du catalogue, à la grande satisfaction du propriétaire.

M. Gruyer donne une intéressante description de ce portrait. Après avoir dit que le dessin a du caractère, que la couleur en est chaude, avec des tonalités qui sans être étranges, sont incontestablement étrangères, il ajoute qu'il est tout à fait à sa place dans la maison de Condé, où la tzarine, alors qu'elle n'était que la femme du tsarewitch et voyageait avec son mari sous le nom de comte et comtesse du Nord, avait reçu un si magnifique accueil et laissé de si agréables souvenirs.

Mais ce portrait ne donne pas une idée exacte des qualités du maître; heureusement pour l'art et pour sa réputation, Lampi devait réparer ses torts envers l'impératrice Marie Feodorovna en faisant d'elle le beau portrait en pied qui se trouve à Pavlosk, dans la galerie du grand-duc Constantin.

L'Impératrice Catherine II
(Collection de M<sup>me</sup> la comtesse Ludmille Bobrinski).

Catherine II, en 1778, avait tracé de sa main le portrait suivant de sa belle-fille : « Elle est svelte comme une nymphe, son teint est celui d'un lys avec la rougeur d'une rose, sa peau est la plus belle du monde; de grande taille avec une ampleur proportionnée; de la légèreté dans la démarche, de la beauté, de la sincérité dans l'esprit qui se reflètent sur le visage. Tous en raffolent. »

Comment avec un tel modèle Lampi n'aurait-il pas fait l'exquise composition où il nous montre Marie Feodorovna dans une pose d'une élégance et d'une grâce parfaites? Nous sommes loin du portrait officiel et apprêté, mais il est impossible de ne pas voir devant la dignité de la pose que le trône n'est pas

L'Impératrice Catherine II
Collection de M.me la comtesse Ludmille Bobrinski.

loin. La tête vit, respire et sourit, elle est charmante sous sa coiffure en demi-poudre retenue par des rouleaux de gaze et des fils de perles, avec ses deux boucles retombant sur la poitrine. Le vent souffle un peu trop peut-être

LAMPI. — LE COMTE LOUIS STARZINSKI
(Collection du comte Boleslas Starzinski).

dans l'écharpe que des broderies d'argent devraient alourdir, mais comme la soie chatoyante et le miroitement du satin sont délicatement rendus! La grande-duchesse, debout près d'une table à moitié couverte d'une draperie, tenant dans la main droite un porte-crayon, semble montrer le dessin qu'elle vient de faire, et qu'elle gravera sur cuivre et sur verre, du portrait de ses enfants. Ce dessin a été reproduit souvent et un des originaux porte l'inscription suivante : « Dessiné par leur mère et présenté au plus chéri des époux, au plus aimé des pères. » La grande-duchesse porte sur la poitrine, attaché à un collier de perles, un camée gravé également par elle, qui représente la tête de Catherine II avec le casque de Minerve. Sur la table, le buste de son mari ; à ses pieds, une lyre et des livres, accessoires et attributs qui sont comme un résumé de sa vie, de ses affections, de ses goûts et de ses talents.

Enfin la tonalité de la figure se marie bien avec la teinte du paysage dont les arbres et le temple font penser à Hubert Robert, et montrent en Lampi le peintre décorateur au temps de ses premiers essais.

LA GRANDE-DUCHESSE MARIE FEODOROVNA
Collection du comte Brevern de La Gardie.

Lampi fut moins heureux dans le portrait du mari, l'empereur Paul I$^{er}$. Il est vrai que le fastueux costume de grand maître de l'ordre de Malte dans lequel il l'a peint en bottes, avec la couronne impériale trop grande pour sa tête, n'était pas pour ajouter à une figure dont l'irrégularité faisait un modèle ingrat.

Quelle différence avec le tableau de la galerie Romanof représentant les grands-ducs Alexandre et Constantin Pawlowitsh en 1797! Ces deux beaux jeunes gens, dans une attitude pleine de noblesse, bien qu'un peu théâtrale, avec un air de bonté et de grâce dans les physionomies, semblent se diriger vers « le temple de la Sagesse, de la Vérité ou des Lois », comme on disait alors. Ils portent élégamment des habits de soie blanche avec les manteaux et le collier de l'ordre.

Le décor sur lequel les deux figures se détachent n'est pas un fond de fantaisie, et les détails d'architecture concourent à la sincérité de l'œuvre. Lampi reçut pour ce tableau 12 000 roubles et on commanda d'après lui une miniature qui est conservée dans le salon chinois de Gatchina.

LES GRANDS-DUCS
ALEXANDRE ET CONSTANTIN PAWLOWITSCH
(Galerie Romanoff).

La noblesse, comme on pense, ne resta pas en arrière : la princesse Dolgorouki, la comtesse Potemkin, le prince Savadowski, le prince Scherbatoff suivirent l'exemple de la famille impériale. Un portrait du comte Litta était encore à Paris, il y a peu de temps, dans la galerie de M<sup>me</sup> la princesse Mathilde qui l'a offert au grand-duc Vladimir. Lampi peignit aussi le prince Nicolas Yousoupof, célèbre par ses collections de tableaux et d'objets d'art; le comte Alexandre Strogonoff, maréchal de la province de Moscou, que la Grande Catherine avait surnommé *le Magot*, et qui était président de l'Académie des Arts; le comte Alexandre Samoïloff, neveu de Potemkin; François d'Altesti, favori du comte Zouboff et, pour terminer cette longue liste, le comte Zouboff lui-même, le favori de Catherine II, ce dernier portrait, un de ses mieux réussis par la correction du dessin et le naturel de la pose.

En ce temps, Lampi est le conseil très écouté du comte Puschkin, président de l'Académie des Beaux-Arts; il reçoit, à titre de membre d'honneur de cette compagnie en 1794, cinq médailles d'or et deux médailles d'argent frappées comme prix académiques. Ce sont ces sept médailles dont il fit la principale pièce de ses armes, le jour où l'empereur d'Autriche lui conféra la noblesse.

Six ans durant, Lampi fut le peintre à la mode à Saint-Pétersbourg qu'il quitta à l'apogée de sa renommée.

En 1798, il revint à Vienne où il termina quantité de portraits dont il avait depuis longtemps achevé la tête seulement. Accablé de commandes et travaillant avec une pareille méthode, il est fort à croire que malgré la collaboration de son élève Kreutzinger et celle de son

LE COMTE ZOUBOFF

CHARLES XIII, ROI DE SUÈDE
(Château royal de Rosenberg).

fils aîné, ses modèles devaient attendre plusieurs années avant d'entrer en possession de leurs portraits. D'autre part, cette trop grande production ne pouvait manquer d'amener de l'irrégularité dans la qualité de ses œuvres; mais s'il en est incontestablement de médiocres, il en est un plus grand nombre de tout à fait remarquables qui lui assignent le rang le plus honorable parmi les peintres de portraits. Il peint encore à Vienne, à cette époque, le roi de Suède Charles XIII avec un énorme porte-voix sous le bras, puis le duc et la duchesse de Sudermanie, le comte

François de Saurau et deux portraits de François Ier, l'un en buste dont une reproduction est au palais royal à Milan, l'autre en pied, de grandeur naturelle, à Vienne ; enfin un magnifique portrait de la princesse Schwartzenberg.

L'Empereur François Ier, par Lampi jeune.

Nous n'avons voulu étudier Lampi que comme portraitiste, nous ne pouvons pas cependant passer sous silence ses tableaux d'histoire et ceux qui représentent des scènes mythologiques, tels que *Les Vestales s'enfuyant de Rome*, *Le sommeil de Vénus*, *L'Amour et Psyché* et une *Hébé*, figure d'un caractère beaucoup plus moderne, qui est à Vienne dans la galerie du baron de Bourgoing. Pour finir cette nomenclature des œuvres du maître, que le lecteur trouvera peut-être un peu longue, il nous reste à parler de ses portraits par lui-même et de celui de son fils aîné. Nous ne connaissons aucun portrait

LAMPI 113

de lui dans sa jeunesse ; celui que nous reproduisons et où il s'est représenté tenant une palette à la main, montre toute la vigueur de son pinceau ; il a le style d'une figure de David, on peut y trouver une ressemblance physique avec ce grand maître ; mêmes qualités dans celui de son fils avec son petit-fils près de lui. Ces deux portraits sont au Ferdinandeum [1], à Innsprück, et ont

Le sommeil de Vénus
(Musée de Vienne).

été légués, ainsi qu'un autre, représentant la femme du peintre, par la baronne Hell, née de Lampi, morte à Salzbourg en 1892. Le portrait où il se représente vieilli, avec les cheveux blancs, est à l'Académie de Vienne ; il est particulièrement intéressant par l'esquisse au trait du portrait de François Ier sur la toile posée à côté du peintre. Il est difficile de déterminer la date exacte où il fut fait, car Lampi ne signait et ne datait que très rarement ses toiles.

[1] Le Ferdinandeum possède encore un beau portrait du baron de Spergs par Lampi.

15

Avec les profits, les honneurs lui étaient venus ; en 1798, il est le chevalier Jean-Baptiste de Lampi ; en 1799, bourgeois honoraire de Vienne, membre de l'Académie des Beaux-Arts de Suède ; en 1800, capitaine du corps académique de Vienne ; lors de la campagne de 1805, il s'occupa avec tant d'activité de la sauvegarde des collections impériales que l'empereur lui remit l'année suivante, en même temps que sa nomination au grade de major du corps académique, une riche tabatière d'or avec son portrait sur émail. Un peu plus tard, lorsque l'impératrice de Russie, le roi et la reine de Bavière se rendirent à Vienne, à l'occasion du Congrès de 1815, ils ne manquèrent pas de visiter le vieux peintre qui leur présenta son fils aîné avec lequel il travaillait encore, dix ans plus tard, à un retable destiné à une église.

On le voit, Lampi ne délaissa ses pinceaux que lorsqu'il y fut contraint par l'âge : un peu avant de résilier les fonctions qu'il remplissait à l'Académie, il avait fondé un prix pour récompenser la meilleure étude d'après nature ; peu de temps après, le 11 février 1830, il mourait, âgé de près de quatre-vingts ans, ayant parcouru une carrière des plus heureuses et des mieux remplies.

D'après ce qui précède, nous espérons qu'on trouvera comme nous que Lampi fut un peintre d'un réel talent, sachant faire jouer à ses modèles un rôle conforme à celui qu'ils tenaient dans le monde, leur donnant la vérité du geste et des attitudes, des expressions vivantes, personnelles et variées, avec parfois un peu de mollesse dans la facture, mais toujours d'un dessin large et correct. Enfin sa peinture a le double caractère que doivent rechercher par-dessus tout les peintres de portraits, la simplicité et la dignité ; il a en outre du tact, le sentiment des nuances et assez de souplesse pour s'accommoder aux changements qui se produisent dans les idées, les mœurs et les modes. Un de ses contemporains a dit de lui, fort justement : « Lampi est pour Vienne ce que Largillière est pour Paris ».

Lampi eut deux enfants, peintres tous deux : Jean, né en 1775, et François, en 1783. Ils imitèrent leur père, variant peu sa manière. François, cependant, qui s'établit à Varsovie, s'adonna davantage au paysage ; il peignit des compositions dans le genre de Joseph Vernet et de Casanova, avec des effets de lumière presque audacieux pour l'époque. Jean se fixa à Vienne et continua à faire des portraits, mais sans atteindre à la maestria paternelle ; un de ses

LAMPI. — LE COMTE VANDALIN MNISZECH
(Collection du comte Léon Mniszech).

meilleurs est celui du bourgmestre Wohlleben. On peut encore citer ceux qu'il fit de l'empereur François.

Son fils, Jean-François de Lampi, fit aussi de la peinture, mais sans succès.

Lampi, par lui-même (Académie des Beaux-Arts, à Vienne).

Nous ne savons s'il existe encore des descendants de Lampi, mais on nous a raconté qu'un jour à Vienne, vers 1830, un homme pauvrement vêtu et presque aveugle, conduit par une jeune fille, se serait présenté chez le prince Gortchakow, ambassadeur de Russie à la cour d'Autriche. « Prince, dit-il, je suis le petit-fils du peintre Lampi ; mon grand-père avait exprimé le désir que dans notre famille l'esquisse du portrait pour lequel avait posé la Grande

Catherine fût toujours conservé, mais notre dénuement nous oblige à nous en défaire et je viens prier Votre Excellence de venir le voir. »

Le prince aquiesça à cette requête, et accompagné du baron de Morenheim et du prince Demidoff San Donato, alors attachés à sa mission, il alla voir le portrait. Ce ne fut pas sans une certaine émotion qu'ils aperçurent une petite lampe allumée près du tableau, comme devant les saintes images. C'était encore un vœu de Lampi qui voulait perpétuer de cette façon la reconnaissance qu'il n'avait cessé d'avoir pour l'impératrice à laquelle il devait une grande partie de ses succès.

Le prince Demidoff acheta le tableau et deux autres toiles du maître ; il donna Catherine II à son chef, les toiles au baron de Morenheim, gardant pour lui un livre, que l'on retrouvera peut-être un jour, où Lampi avait inscrit les portraits qu'il avait faits, leurs dates, le nom de ses modèles et les prix payés par eux. Nous ne pouvons mieux terminer cette étude que par cette anecdote qui montre que si Lampi, en véritable peintre, avait le culte de son art, il avait aussi celui du souvenir.

## FERDINAND DE MEŸS

 la fin du xviiiᵉ siècle, un officier du régiment « Prince de Ligne » quitte le service et se met à parcourir, comme il le dit en vers : « Le monde et ses divers climats ». Il possède un agréable talent de peintre, cultivé dans ses loisirs de garnison, et avec lui, un champ fructueux s'ouvre à son initiative.

D'origine wallonne, c'est « par sagesse ou folie, emporté par l'amour » qu'il a quitté sa terre natale.

« Après avoir été, de Mars, le nourrisson », il est allé habiter la Russie, où il trouve

« ... un Prince adoré, la noblesse polie,
« Hospitalière et douce, amateur des Beaux-Arts ».

Là, enfin, « du Dieu malin, il éprouve la puissance ».

De notre galant voyageur qui trousse ainsi peinture et petits vers, vous ne rencontrerez point trace chez les auteurs des grands répertoires signalétiques d'artistes. Nous découvrons seulement son nom, Ferdinand de Meÿs, au bas de quelques compositions, devenues très rares.

C'est d'une poignée de documents qui nous ont été aimablement communiqués par un descendant de Meÿs que se dégage cette figure peu banale.

Il est certain qu'au point de vue du grand art il eut été peut-être inutile d'évoquer le souvenir de ce peintre amateur, mais, sous ce triple aspect artistique, mondain et commercial, un véritable intérêt s'attache à sa mémoire, parce qu'elle nous fait connaître une sorte d'exportation d'estampes, très caractéristique dans le rayonnement de l'art français en Europe, à la fin du xviii° siècle, et surtout parce qu'elle nous montre le mérite d'un gentilhomme aux prises avec les difficultés de la vie matérielle qu'il sut vaincre par son travail et les ressources qu'il put tirer de son talent d'amateur, comme le firent à peu près à la même époque le marquis de Paroy, le comte de Galard, le comte de Bonneval, le marquis de Lubersac, et tant d'autres.

Ce que nous savons de Ferdinand de Meÿs par les aimables petits vers, extraits de journaux, placards imprimés, listes de souscription, est piquant d'inattendu, surtout lorsque, sur cette poésie et ces réclames, il semble rester comme un parfum de poudre à la Maréchale.

Ces données répondent bien à la physionomie qu'un portrait du temps nous offre de Ferdinand de Meÿs : nous avons ici le type connu d'un gentilhomme de l'ancien régime. Cette tête forte et aristocratique a des traits expressifs, et les grands yeux vifs brillent d'enjouement ; la bouche se plisse d'un sourire où se trahit le caractère d'un homme d'esprit et d'un bon vivant. Sur son large front bombé, mis en saillie par des boucles rejetées en arrière, trouvent place énergie sereine et passions, goûts d'esthétique et initiative pratique. Remarquons encore que la miniature qui le représente ainsi a été peinte par lui, en 1792, à Boston.

Doué de dons naturels, notre peintre sera un type d'artiste amateur employant pour la vulgarisation de ses compositions le talent de dessinateurs et de graveurs tels que Jean-Jacques Avril, Auguste de Saint-Aubin et Le Barbier l'aîné ; il obtiendra de très belles reproductions et saura merveilleusement en profiter, en les faisant valoir auprès des grands.

Dans ses voyages, il utilisera avec habileté les noms de ses collaborateurs et tous les moyens de publicité pour se faire connaître et bien venir. Enfin grâce à sa muse facile, tandis qu'il offrira le reflet de sa palette, il sèmera des bouquets à Chloris pour ajouter à l'éclat de son art et à la diffusion de ses œuvres.

Jean-Jacques Avril, le graveur d'histoire qu'il emploie, a un réel talent : il a gravé pour Wille, Joseph Vernet et autres artistes connus.

Voici la copie de l'acte que notre peintre passa avec J.-J. Avril ; dans l'accord, intervient en qualité de dessinateur Le Barbier l'aîné qui était depuis 1785 membre de l'Académie royale, titré de *peintre du roy* :

« Copie de mon contrat avec mon graveur.

« Nous soussignés, Jean-Jacques Avril et Ferdinand de Meÿs, sommes convenus entre nous ce qui suit :

« Moi, Jean-Jacques Avril, je m'engage à graver avec tout le talent dont je suis susceptible, une planche de vingt-deux pouces de

FERDINAND DE MEŸS
(miniature par lui-même).

hauteur, sur vingt-sept et demi de largeur, représentant Catherine seconde voiageant dans ses états, d'après le dessin original de M. Le Barbier l'aîné, pour la somme de douze mille livres que M. de Meÿs s'engage à me payer en quatre termes, savoir : trois mille livres avant de commencer ladite planche, trois mille lorsque l'eau-forte sera faite, le troisième terme — trois mille livres — aux épreuves de retouche, et le quatrième, le dernier terme, trois mille livres pour compléter toute la somme convenue, lorsque ledit M. Barbier aura attesté ladite planche terminée. Je m'engage de plus à rendre ladite planche terminée au terme fixé de quinze mois à dater du jour que le dessin me sera livré, faute de quoi, je consens à perdre mille livres du prix convenu entre nous, à moins qu'il n'y ait sujet de maladie prouvé, et moi, dis, Ferdinand Meÿs, promets de faire les payements ci-dessus conformément aux époques stipulées, et sous la foi des engagements du sieur Avril.

A Paris, ce 23 juillet 1788.

Approuvé l'écriture ci-dessus,

F. DE MEŸS.                          AVRIL.

Fait double entre nous,

AVRIL. »

Cette copie est suivie de celle-ci :

« Copie des quittances jointes audit contrat.

Je soussigné, avoir reçu de M. de Meÿs la somme de trois mille livres, pour le premier terme de notre engagement.

A Paris, le 23 juillet 1788.

AVRIL.

« Je soussigné, reconnais avoir reçu de M. de Meÿs le dessin original de M. Le Barbier l'aîné représentant Catherine II voyageant dans ses états de la composition dudit sieur de Meÿs que je me suis engagé de graver aux conditions faites entre nous, et dès ce jour, nos conventions ont lieu.

A Paris, ce 15 août 1788.

AVRIL.

« J'ai également la quittance de M. Le Barbier des deux mille francs que je lui ai payés pour mon dessin. »

D'après le catalogue des œuvres d'Avril[1], *Catherine II voyageant dans ses états en 1787* est datée de 1790, époque à laquelle cette estampe a été terminée. L'impératrice est représentée en divinité antique, montée sur un char conduit par des Amours et précédée dans les nues de Renommées aux ailes

---

[1] Cf. Ch BLANC. *Guide de l'amateur d'estampes*, t. III, p. 113, n° 114.

déployées ; sur son passage, une femme sous les traits de M^me de Meÿs jette des fleurs, la foule des paysans l'acclament, et dans le ciel, en compagnie de Jupiter, Pierre I^er souriant assiste à ce triomphe.

Le goût du temps, pompeux et mythologique, dans lequel est faite cette composition, choque notre tendance au réalisme, ou nos conventions modernes ; mais en tant qu'une allégorie, le tableau est bien composé et l'ensemble harmonieux.

Pour Catherine II, Ferdinand de Meÿs a travaillé plusieurs fois, et il a confié le soin de graver un beau portrait d'elle en médaillon, au burin d'Auguste de Saint-Aubin. Notre peintre est même l'auteur du quatrain indispensable qui accompagne le médaillon ; sous sa plume d'ailleurs, le vers coule facile, au bas de bustes et de dessins [1].

Bien reçu à la cour, c'est encore à la même impératrice, que M. de Meÿs adresse, à l'occasion de sa fête, le huitain qui commence ainsi :

M^me DE MEŸS
(miniature).

Que t'offrir pour bouquet, auguste Catherine ?
De la part des mortels, rien n'est digne de toi.

Mais passons... Nous signalerons encore de lui un portrait de Paul I^er, miniature très vivante dans un cartouche somptueux. Par la plume et le

---

[1] Il n'en épargne pas même le portrait du médecin Macquart, de la Faculté de Paris, au bas duquel il s'exprime ainsi :

« Des médecins français, il est le plus aimable ;
« A l'esprit de Buffon, aux Fabus de Gallien,
« Il joint le don de plaire à tous les gens de bien.
« Il n'a qu'un seul défaut vraiment impardonnable
« C'est de courir le Monde et la Société ;
« Et de s'en faire aimer pour être regretté.
       « A Moscou, le 9 décembre 1784. »

crayon, il flattait les souverains, mais rien ne pouvait évidemment leur être plus agréable que la vulgarisation de l'hommage artistique qu'ils recevaient du galant peintre.

Nous avons ainsi une manière de circulaire imprimée, écrite en russe, qui a trait à la fameuse estampe triomphale et la décrit fort complaisamment. De même, une autre composition similaire, son pendant, fait l'objet d'un pareil placard descriptif. Par le sort de cette seconde gravure — sort sur lequel d'ailleurs nous avons plus d'un document — nous pouvons nous rendre compte de la façon dont notre artiste amateur, très pratique, exerçait à la fois la flatterie du courtisan et sa science de la réclame.

C'est d'abord par trois imprimés successifs que Ferdinand de Meÿs explique et représente la nouvelle planche qu'il fit exécuter par Avril en 1805 [1]. Un exemplaire est en russe ; il y en a deux en français, chacun avec un titre différent, l'un pour annoncer la publication, l'autre pour en achever la diffusion. Le premier porte : *Programme d'un dessin allégorique... composé et dessiné par Ferdinand de Meÿs pour être gravé par souscription et dédié à Sa Majesté l'impératrice Élisabeth Alexiewna;* l'autre : *Description de l'estampe allégorique... peinte par Ferdinand de Meÿs, gravée à Paris par Avril et dédiée à S. M.*, etc. Ce sont des feuilles simples gr. in-8° encadrées, dont nous reproduirons le texte en appendice.

Muni de ces imprimés et obéissant à son humeur voyageuse, M. de Meÿs boucle sa valise. Il traverse l'Europe et l'on s'en aperçoit. Dans les gazettes locales, ces petits carrés de papier en feuille double sur deux colonnes, des articles paraissent qui, bien qu'à la suite des autres, occupent presque autant de place que les récits des grands événements internationaux.

Lui-même a rédigé la longue annonce que voici :

« M. de Meÿs, après dix-sept ans de séjour qu'il a fait en Russie, toujours rempli de reconnaissance pour un pays qu'il a souvent regretté depuis cinq ans qu'il en est parti, pénétré d'une admiration pour le monarque qui en fait le bonheur et enhardi par l'accueil qu'on a fait à sa première composition de l'estampe intitulée *Catherine II voyageant dans ses états*, vient de faire un nouveau dessin allégorique représentant *Alexandre Ier à son avènement au trône*... pour être gravé à Paris par souscription et dédié à Sa Majesté l'impé-

---

[1] N° 115 du catalogue publié par Blanc. Dimensions : larg. 685 millimètres, h. 492.

ratrice Élisabeth Alexiewna qui a daigné gracieusement en agréer la dédicace par la lettre la plus flatteuse dont l'artiste a été honoré de sa part à Paris. D'après cette sanction impériale, M. de Meÿs n'a point hésité de mettre d'avance son dessin entre les mains de son graveur, et de se déterminer à faire le voyage de Russie, apportant avec lui l'esquisse de son tableau, pour ouvrir

CATHERINE II VOYAGEANT DANS SES ÉTATS
(d'après la gravure d'Avril).

sa souscription. En passant à Carlsruhe, il a cru ne pouvoir mieux faire que de rendre son premier hommage à Leurs Altesses M$^{gr}$ l'électeur de Baden et M$^{me}$ la princesse héréditaire, l'auguste mère de S. M. l'impératrice Élisabeth. Ce beau sujet ne pouvait que plaire à cette Cour : aussi, l'artiste y a-t-il reçu l'accueil le plus distingué, toutes leurs Alt. S., ainsi que les princes de cette illustre maison, ont fait mettre leur nom à la tête de la souscription ; toutes les personnes de la cour ont souscrit ; et S. A. S. Madame la princesse héréditaire l'honora d'une lettre pour S. M. l'impératrice Élisabeth, son auguste fille. A Manheim, à Darmstadt, Francfort, Leipzig, Berlin, Mitau, Riga, Dorpat, partout sur sa route, il a trouvé le même amour pour le souverain dont son tableau retrace l'image et déjà il a fait près de 300 souscripteurs; enfin, M. de Meÿs est arrivé depuis quelques jours dans cette capitale, il a eu l'honneur de présenter son esquisse à Leurs MM. impériales qui ont daigné l'accueillir avec bonté et... illustrer son livre de souscription de leurs noms. — D'après tant d'augustes suffrages, d'après l'amour qu'on a porté de tout temps aux arts en Russie, et l'encouragement qu'on leur a toujours accordé, M. de Meÿs ose se flatter que sa souscription sera bien accueillie, qu'elle aura son effet complet, et que MM. les souscripteurs voudront bien mettre le moins de délai possible pour la remplir avant le 1er de mai afin qu'il puisse incessamment retourner à Paris pour suivre et diriger son ouvrage.

« L'estampe, de la même grandeur que celle de *Catherine II voyageant dans ses états*, coûtera 20 francs pour MM. les souscripteurs, dont la moitié se payera en souscrivant et le reste en recevant l'estampe qu'on promet de livrer à la fin de 1804.

« Ceux qui n'auront pas souscrit payeront 30 francs l'estampe; il y aura une liste imprimée des noms de MM. les souscripteurs qu'on donnera à chacun d'eux, avec la description de l'estampe à sa livraison.

« On souscrit à Pétersbourg chez M. Alici, libraire de la cour, et chez M. Klostermann, libraire, rue d'Isaac, n° 91, où l'on pourra avoir l'esquisse depuis le         (*sic*).

« A Riga, chez M. Hartmann, libraire.

« A Moscou, chez MM. Ress et Pancel, libraires, et on trouvera aussi chez ces messieurs le prospectus de ladite souscription, ainsi que le programme du tableau. »

C'est à peu près en ces termes que s'expriment le *Journal politique de Manheim*, n° 11, avec une Correspondance de Carlsruhe du 8 janvier, et le *Journal de Francfort*, n° 20, article du 29 janvier 1803.

D'après le *Rigasche Zeitung*, journal de Riga, 14 février, la reine mère aurait fait cadeau à M. de Meÿs d'une riche bague de brillants et lui aurait donné en outre une lettre de recommandation pour sa nièce l'impératrice de Russie. Par l'organe de cette feuille, il invita à Riga tous ceux qui voudraient souscrire, à se rendre chez lui à la Ville de Londres, n° 3, entre 9 et 12. Il leur montrait l'esquisse du dessin et les prévenait qu'on pouvait encore acheter chez lui quelques exemplaires de sa gravure *Voyage de Catherine*.

L'article du journal[1] annonce qu'il en publiera la description au prochain numéro.

Dieu, en qui notre voyageur avait foi et pour qui il faisait également

Paul I<sup>er</sup>, empereur de Russie (miniature).

des vers, exauçait la prière qu'il avait composée pour sa fille Annette, et que voici dans toute sa naïveté :

> Grand Dieu! de mon papa, protège le voyage ;
> Sur ses jours, ses travaux, répands tous tes bienfaits
> Que bientôt, dans nos bras, couronné de succès,
> Il revienne jouir du fruit de son ouvrage.

Et quand il priait lui-même en vers, voici comment il s'exprimait :

> Je ne demande pas de titres, de richesses,
> Sur d'autres que sur moi fais jaillir ces largesses ;
> Elles n'ont des attraits que pour l'homme orgueilleux,
> Mais, fais que mes travaux aient un succès heureux ;

---

[1] Cet article traduit de l'allemand commence ainsi « Riga, 14 février. — M. de Meÿs, déjà connu comme un grand artiste par l'esquisse d'une admirable gravure représentant *Catherine voyageant dans ses états*, est arrivé ici de Paris ».

De mes faibles talents, protège l'innocence :
C'est d'eux seuls que j'attends une honnête existence.
Assez longtemps errant de climats en climats,
En vain pour la trouver je transporte mes pas.
Privé de ma famille, absent de ma patrie.
Mes écarts, mes erreurs, assez longtemps j'expie :
Daigne donc, ô mon Dieu, faire grâce à mes torts,
Exaucer tous mes vœux, seconder mes efforts.

. . . . . . . . . . . . . . . . . . . . . . . . . . . . . . . . .

Il retrouvait sa famille et sa patrie, mais, deux ans après, il traversait de nouveau l'Europe et le *Journal de Francfort* du 28 novembre 1805, nous apprend combien la souscription a été brillante « tant en Russie que dans toute l'Allemagne ». « M. de Meÿs, ajoute-t-il, vient de passer ici allant à Saint-Pétersbourg et s'acquitte partout sur sa route envers MM. ses souscripteurs. Il paraît qu'il a rempli leur attente; il a reçu des cours de Carlsruhe et de Wurtemberg l'accueil le plus distingué. Cette estampe, de la plus riche composition et d'un grand effet : les portraits de *Pierre I$^{er}$*, de *Catherine II et d'Alexandre I$^{er}$* sont ressemblants ; et par l'intérêt du sujet et la pureté du burin de M. Avril dont les talents pour la gravure sont connus, elle ne peut avoir que le plus grand succès. M. de Meÿs emporte avec lui le tableau original qu'il a peint pour Sa Majesté l'empereur. Il est presque de la grandeur de l'estampe ; il a 22 pouces environ de largeur, sur environ 16 de hauteur. Les amateurs qui l'ont vu et admiré disent que c'est un coup de force : en miniature, on n'a pas encore vu un tableau si grand dans ce genre, ni d'une aussi grande composition ».

La liste des souscripteurs nous est conservée en manuscrit. Son attrait réside surtout en la qualité des noms qu'elle porte. Beaucoup sont restés historiques. La noblesse russe, l'allemande et l'autrichienne reconnaîtront les leurs dans cette nomenclature établie par les localités, selon les étapes de M. de Meÿs[1]. Et l'on pourra calculer le profit qu'il a réalisé avec son entreprise artistique d'après les prix fixés plus haut.

Le placement des estampes offrait au gentilhomme voyageur d'autres agréments. Le familier de la cour impériale était partout reçu avec des prévenances dont il parle dans ses petits vers. Douceur de vie châtelaine, chez une noblesse polie, où ses mœurs courtoises, sa muse facile contribuaient à le

[1] Nous publions cette liste de souscription en appendice.

faire rechercher et à lui créer les plus agréables relations. Et sa plume et son pinceau y trouvaient de quoi s'exercer.

CATHERINE II
(d'après la gravure d'Auguste de Saint-Aubin).

Il écrivait de Liskovo, le 15 septembre 1803, au prince Massalsky.

« Mon cher Prince,

« Je suis toujours à Liskovo, c'est un séjour que je ne puis quitter ; cependant n'allez point me gronder, n'allez point m'accuser d'indiscrétion, les bontés qu'on a pour moi ne peuvent être que sincères, elles partent de cœur trop bon et trop indulgent, et il est impossible que le mien me trompe. D'ailleurs, comme peintre, et tous les jours parmi d'aussi beaux modèles, j'aurais dû manquer à la reconnaissance et au Dieu de la peinture, si je n'en eusse tracé les images. Vous-même, mon Prince, m'auriez accusé d'ingratitude et de mauvais goût. Enfin, ma tâche sera bientôt remplie, et, malgré mes regrets, je compte partir dans huit ou dix jours pour Nijeni où je ne pourrai mieux m'en consoler qu'auprès du plus aimable des Princes. »

N'est-ce point assez galamment tourné? Ailleurs, c'est sous forme de couplets, et sur l'air *Femme voulez-vous éprouver?* qu'il chante Stolbovo, « séjour charmant, délicieux » mais bien triste en l'absence de ses hôtes, le prince et la princesse de Massalsky, au mois de mai 1807.

Parfois dans l'amical commerce qu'il entretient avec ses hôtes, une sorte de brise passe ridant d'inquiétudes ou de scrupules, — si ce n'est de fines précautions, — l'épicurienne assurance de notre gentilhomme qui écrit alors au même prince Massalsky :

« Mon Prince,

« Je suis sensible et très reconnaissant aux bons conseils que Votre Excellence me donne et vous avez vraiment raison de me dire de ne point me fâcher. Comment après tout, ne point entendre la plaisanterie, et surtout de la bouche du plus aimable des Princes ! Lorsqu'elle ne touche que l'amour-propre, que la délicatesse d'un honnête homme, et les intérêts de son entreprise, quand on a l'usage du monde, et qu'on a connu les grands seigneurs, se fâche-t-on de ces misères-là ? C'est pure bagatelle, et c'est peine perdue... d'ailleurs je dois en être plutôt glorieux, d'après les choses infiniment aimables dont m'a honoré Madame la Princesse qui me veut tant de bien! Mais tant de bien! que je suis si pénétré de l'excès de ses bontés, que dussai-je lui paraître le plus ingrat des hommes, ma modestie ne me permet plus de me présenter à ses yeux. J'en sens tout le malheur. Mais il faut se résigner à tout ; excepté cependant à la perte de votre estime; de cette estime que j'ai toujours méritée de tous ceux qui sont faits pour savoir l'apprécier. Je suis avec respect,

« Mon Prince,

de votre Excellence, le très humble et très obéissant serviteur,

« DE MEYS.

« Moscou, le 28 février 1808. »

Le prince retourna la lettre en l'accompagnant de quelques lignes pleines de ces traits qu'on retrouve chez nos meilleurs épistoliers du xviii° siècle; qu'on en juge :

« Sauf le respect que je vous dois, votre lettre n'a pas le sens commun. Je commence vraiment à croire que vous êtes vindicatif. Ma femme n'est pas

Alexandre I<sup>er</sup> à son avènement au trône
(d'après la gravure d'Avan).

comme vous, elle m'a d'abord engagé à vous prier de venir dîner chez nous. Finissez donc de faire l'enfant et venez aujourd'hui manger la soupe chez un malade qui peut mourir de douleur si vous ne lui accordez cette grâce. »

Nous voudrions pouvoir citer encore une longue pièce de vers au comte Nicolas de Scheremeteff du 6 décembre 1795 sur l'hospitalité du château d'Ostankino et ses magnificences, ses galeries de tableaux, ses fêtes où la comédie alterne avec les bals et les banquets de trois cents couverts, où

« Cent laquais polis, de leurs mains attentives,
Présentent l'ambroisie et les nectars flatteurs ».

Mais cela nous entraînerait trop loin, et sans nous attarder à un message d'un tour original, pour la fête de M^lle de Fontenelle, nous dirons deux mots d'une œuvre légère, un éventail offert par de Meys à l'impératrice Marie Feodorowna où, sur une des faces, se trouve le portrait de l'empereur Paul I^er et, sur l'autre, un long poème qui commence ainsi :

> Eh quoi, le jour s'enfuit, quelle horrible image
> Suspendue dans les airs et de triste présage.
> D'une éternelle nuit semble voiler les cieux.
> Que vois-je ?... Coup fatal. Catherine succombe :
> Une royale tombe
> Renferme pour toujours la rivale des dieux.
> Enfin l'astre du Nord a fini sa carrière :
> Russie, apaise-toi ; déjà par sa lumière
> Un autre astre s'avance en versant des bienfaits
> Et d'un nouvel éclat son puissant diadème
> Protégé par Dieu même,
> Sur tes vastes états va briller pour jamais.

Enfin, pour terminer avec la Muse de notre peintre, nous donnerons ces quelques strophes de ses *Stances à l'impératrice Marie-Louise*.

> O France, sur les pas de ta jeune maîtresse.
> Tressaille de joie et d'amour ;
> France, ouvre-lui ton sein, peins-lui ta douce ivresse.
> Louise est à toi sans retour.
> Je la vois s'avancer ; d'une vierge modeste
> Elle a le charme et la candeur ;
> Tout en elle respire une grâce céleste :
> Est-ce Louise ? ou la pudeur ?

> Ah ! que dans les cœurs son serment retentisse !
> France, il affermit ton bonheur :
> Louise, dès ce jour, paisible bienfaitrice,
> De Mars, enchaîne la fureur.
> Le grand Napoléon doit des maîtres au monde !
> Ils vont naître de son repos
> Et Louise, par lui, mère heureuse et féconde
> N'enfantera que des héros.

Moins heureuses que ses poésies, les peintures originales de Ferdinand de Meys, sauf quelques miniatures qui permettent de juger de la souplesse de son pinceau et d'un agréable coloris, nous restent inconnues. Avec les belles reproductions par Avril et Saint-Aubin, c'est déjà un point de la mémoire du peintre qui demeure. Les réclames de journaux, les contrats, les prospectus et les listes de souscription, tout ce côté commercial en un mot, ne nuisent pas à ce reflet ténu d'une existence abolie; au contraire, tout s'agrémente des badinages de rimes, des échos de voyage et des succès mondains. Cette sorte d'auréole de petit maître donne un charme bien autre que des toiles, peut-être contestables et décevantes, à la physionomie aimable de leur auteur...

Revoyez d'ailleurs les traits intelligents et enjoués de l'entreprenant gentilhomme, vous revivrez un instant avec un attardé de l'ancien régime pour qui, jusque dans l'art qu'il cultivait, la vie avait des sourires. Heureuse époque finissante de noblesse polie, hospitalière et douce, amateur de toutes belles choses! De l'écho de diverses bonnes fortunes, nous jouissons aujourd'hui avec une poignée de papiers de famille et grâce à la fée des lointains. Les souvenirs ainsi ravivés par la curiosité et l'imagination valent bien n'est-ce pas? pour leurs héros des gloires biographiques plus éclatantes.

ÉVENTAIL OFFERT PAR DE MEŸS A L'IMPÉRATRICE MARIA FEODOROWNA
(au centre le portrait de l'empereur Paul I<sup>er</sup>).

# APPENDICE

Noms de MM. les souscripteurs selon la liste originale de la souscription qui a été faite en 1803, par Ferdinand de Meys, pour l'estampe allégorique de sa composition, et gravée à Paris par Avril, représentant *Alexandre 1ᵉʳ à son avènement au trône*, dédiée à Sa Majesté l'impératrice, son auguste épouse :

*A Carlsruhe, le 4 janvier 1803.*

Nombre d'exemplaires.

MM. S. A. E. Monseigneur l'Électeur de Baden . . . . . . . . . . . . . . . . . . .
S. A. S. Madame la Princesse héréditaire de Baden, née Landgrave de Hesse .
S. A. S. Monseigneur le Prince héréditaire Charles L. Frédéric de Baden . . . .  } 10
S. A. S. Monseigneur le Prince Louis de Baden . . . . . . . . . . . . . . . . .
S. A. S. Madame la Princesse Frédéric de Baden . . . . . . . . . . . . . . . . 1
S. A. S. Monseigneur le Prince Frédéric de Baden . . . . . . . . . . . . . . . 1
Massias, chargé d'affaires de la République française dans le Cercle de Souabe. 5
Le Baron de Geyling, ministre d'État et des Finances de S. A. E. de Baden . . 1
La Baronne de Pfurdt, née Baronne de Venningen . . . . . . . . . . . . . . . . 1
La Comtesse de Fries, née Comtesse d'Escherny . . . . . . . . . . . . . . . . 1
Le Baron de Gausaas, grand veneur . . . . . . . . . . . . . . . . . . . . . . 1
Le Baron de Kniestedt, conseiller privé . . . . . . . . . . . . . . . . . . . 1
Le Baron de Sandberg, général . . . . . . . . . . . . . . . . . . . . . . . . 1
Carl Friderich Schilling Von Kannstatt Kamerherr . . . . . . . . . . . . . . . 1
Le Major de Seldeneck . . . . . . . . . . . . . . . . . . . . . . . . . . . . 1
Le Baron de Beck, colonel . . . . . . . . . . . . . . . . . . . . . . . . . . 1
Le Marquis de Montperny, conseiller p. act. et Grand Maréchal de la Cour . . 1
Le Baron d'Edelsheim . . . . . . . . . . . . . . . . . . . . . . . . . . . . . 1
Henry Vierordt . . . . . . . . . . . . . . . . . . . . . . . . . . . . . . . . 1
Le Baron de Geyer, grand écuyer . . . . . . . . . . . . . . . . . . . . . . . 1
D. Seeligmann . . . . . . . . . . . . . . . . . . . . . . . . . . . . . . . . 1
Elkan. Reutlinger . . . . . . . . . . . . . . . . . . . . . . . . . . . . . . 1
Le Comte Régnant d'Isembourg . . . . . . . . . . . . . . . . . . . . . . . . . 1

*A Mannheim, le 10 janvier.*

Le Baron de Woellwarth . . . . . . . . . . . . . . . . . . . . . . . . . . . . 1
Le Baron de Geiling, conseiller intime de S. A. E. de Bavière . . . . . . . . 1
Le Conseiller Stumm . . . . . . . . . . . . . . . . . . . . . . . . . . . . . 2
Le Président Baron Dalberg . . . . . . . . . . . . . . . . . . . . . . . . . . 1
Madame la Baronne de Venningen . . . . . . . . . . . . . . . . . . . . . . . . 1
Le Président Baron de Reibold . . . . . . . . . . . . . . . . . . . . . . . . 1
Le Comte d'Arz, chambellan de S. A. E. Bavaro-Palatin . . . . . . . . . . . . 1
Le Président Baron de Horel . . . . . . . . . . . . . . . . . . . . . . . . . 1

MM. Le Baron de Hacke . . . . . . . . . . . . . . . . . . . . . . . . . 1
Le Vice-Président Baron de Lamezan . . . . . . . . . . . . . . 1
Le Président Comte d'Obensdorff . . . . . . . . . . . . . . . . 1
Le Prince d'Ysemboug, Frédéric-Guillaume . . . . . . . . . . 1
Madame de Becké, née Vandermast . . . . . . . . . . . . . . . 1

### A d'Armstadt, le 14 janvier.

S. A. S. Monseigneur le Landgrave Régnant de Hesse . . . . . . . . . 2
S. A. S. Madame la Landgrave Régnante de Hesse . . . . . . . . . . . 2
S. A. S. Monseigneur le Prince héréditaire de Hesse . . . . . . . . . 2
S. A. S. Monseigneur le Prince chrétien de Hesse . . . . . . . . . . . 1
S. A. S. Monseigneur le Prince Georges de Hesse . . . . . . . . . . . 2
Helfflinger, chargé d'affaires de la République française . . . . . . . 1
Le Baron de Perglas, maréchal de la cour . . . . . . . . . . . . . . . . 1
Le Général Lindau au service de Hesse d'Armstadt . . . . . . . . . . 1

### A Francfort, le 19 janvier.

Le Comte de Nesselrode . . . . . . . . . . . . . . . . . . . . . . . . . 1
Hirsinger, résident de la République française . . . . . . . . . . . . 1
Bettman, conseiller de cour et consul de S. M. l'Empereur de Russie . . { 1 av. la L. / 2 av. la L.
Schweitzer, conseiller intime au service de S. A. E. Bavaro-Palatin . . . 1
Le Comte de Schlitz . . . . . . . . . . . . . . . . . . . . . . . . . . . 1
Chamot . . . . . . . . . . . . . . . . . . . . . . . . . . . . . . . . . . 1
Le Prince de Nassau Siegen . . . . . . . . . . . . . . . . . . . . . . . 1
La Princesse de Nassau Siegen . . . . . . . . . . . . . . . . . . . . . 1

### A Leipsic, le 26 janvier.

F. G. Baumgartner . . . . . . . . . . . . . . . . . . . . . . . . . . . . 4
C. C. Henry Rost et C<sup>ie</sup> . . . . . . . . . . . . . . . . . . . . . . . . . 4

### A Berlin, le 28 janvier.

Sa Majesté le Roi et la Reine de Prusse . . . . . . . . . . . . . . . . 12
Le Prince Henry de Prusse . . . . . . . . . . . . . . . . . . . . . . . 2
Sa Majesté la Reine Mère de Prusse . . . . . . . . . . . . . . . . . . 8
Frédéric-Auguste, duc de Bronsvic Oels . . . . . . . . . . . . . . . . 1
Princesse héréditaire d'Orange . . . . . . . . . . . . . . . . . . . . . 2
Prince Guillaume de Prusse . . . . . . . . . . . . . . . . . . . . . . . 2
Guillaume, prince de Bronsvic . . . . . . . . . . . . . . . . . . . . . . 1
Le Prince héréditaire d'Orange . . . . . . . . . . . . . . . . . . . . . 2
Sophie, comtesse de Voos, grande maréchale de la cour de S. M. la Reine de Prusse . . 1
Le Colonel de Koennritz . . . . . . . . . . . . . . . . . . . . . . . . . 1
De Massow, maréchal de la cour du Roi de Prusse . . . . . . . . . . 1
Ed. Bignon, chargé d'affaires de la République française . . . . . . 1
D'Alopeus, ministre de Russie . . . . . . . . . . . . . . . . . . . . . 2
Le Prince de Radzivill . . . . . . . . . . . . . . . . . . . . . . . . . . 2
Le Comte de Stadion, ministre de l'Empereur et Roi . . . . . . . . . 2
La Duchesse de Courlande . . . . . . . . . . . . . . . . . . . . . . . . 1
D'Engestrom, chancelier de la cour de S. M. le Roi de Suède . . . . 1

MM. Baron de Reden . . . . . . . . . . . . . . . . . . . . . . . . . . . . . 1
Le Comte Colonna . . . . . . . . . . . . . . . . . . . . . . . . . . . . 1
Princesse Ferdinand de Prusse . . . . . . . . . . . . . . . . . . . . . 1
S. A. R. Madame la Princesse Louise de Prusse, épouse du Prince de Radzivill. 1
Haugwitz . . . . . . . . . . . . . . . . . . . . . . . . . . . . . . . . 1
Le Comte de Casa Valencia, chargé d'affaires d'Espagne . . . . . . . . . 1
Le Comte de Baudissin, ministre de Danemark . . . . . . . . . . . . . . 1
Le Veaux . . . . . . . . . . . . . . . . . . . . . . . . . . . . . . . . 1
De Kotzebue, conseiller de Collège de S. M. l'Empereur de Russie . . . . 1
Charlemagne, baron Skrbensky, membre des États de la Silésie aut<sup>ne</sup>, conseiller du Conseil des Nobles et chevalier de l'ordre de Malthe . . . 1

### A Mitau, le 18 février.

N. d'Arsenieff, gouverneur civil de la Courlande . . . . . . . . . . . . 1
Le Comte de Pahlen . . . . . . . . . . . . . . . . . . . . . . . . . . . 1
Le Chancelier Baron de Roenné . . . . . . . . . . . . . . . . . . . . . 1
Le Comte de Medem . . . . . . . . . . . . . . . . . . . . . . . . . . . 1
Le Conseiller de Collège de Binenstam . . . . . . . . . . . . . . . . . 1
L'Assesseur de Collège de Berner . . . . . . . . . . . . . . . . . . . . 1
Le Conseiller d'État actuel d'Offemberg . . . . . . . . . . . . . . . . 1
Le Conseiller d'État actuel et maître des forêts du Gouvernement de la Courlande, Guillaume de Derschau . . . . . . . . . . . . . . . . . . . 1
Le Conseiller Harder . . . . . . . . . . . . . . . . . . . . . . . . . . 1
Le Vice-Gouverneur de la Courlande Briscorn . . . . . . . . . . . . . . 5

### A Riga, le 23 février.

Le Prince Galitzin, gouverneur militaire . . . . . . . . . . . . . . . { 1 av. la L.
                                                                      { 3 av. la L.
Le Prince Serge Galitzin . . . . . . . . . . . . . . . . . . . . . . . . 1
Le Colonel Sergeyeff . . . . . . . . . . . . . . . . . . . . . . . . . . 1
Le Docteur en droit de Boriskowsky . . . . . . . . . . . . . . . . . . . 1
De la Croix, secrétaire de S. A. le Prince Galitzin, gouverneur militaire . 1
Le Prince Michel Galitzin . . . . . . . . . . . . . . . . . . . . . . . 1
Le Gouverneur de Livonie de Richter . . . . . . . . . . . . . . . . . . 1
Le Général de cavalerie de Tormassoff . . . . . . . . . . . . . . . . . 1
Le Général d'infanterie Benckendorff . . . . . . . . . . . . . . . . . . 1
Le Duc et la Duchesse Alexandre de Wurtemberg . . . . . . . . . . . . . 6
G. C. D. Muller . . . . . . . . . . . . . . . . . . . . . . . . . . . . 1
La Baronne de Lieven . . . . . . . . . . . . . . . . . . . . . . . . . . 1
De Weyrauch, maître des postes du Gouvernement de Livonie . . . . . . . 1
De Gersdorff . . . . . . . . . . . . . . . . . . . . . . . . . . . . . . 2
Landrath de Buddenbrock . . . . . . . . . . . . . . . . . . . . . . . . 1
De Grote . . . . . . . . . . . . . . . . . . . . . . . . . . . . . . . . 1
De Transée . . . . . . . . . . . . . . . . . . . . . . . . . . . . . . . 1
De Bruggen . . . . . . . . . . . . . . . . . . . . . . . . . . . . . . . 1
D'Oettingen . . . . . . . . . . . . . . . . . . . . . . . . . . . . . . 1
Sievers . . . . . . . . . . . . . . . . . . . . . . . . . . . . . . . . 1
Maurice de Vegesack . . . . . . . . . . . . . . . . . . . . . . . . . . 1
Poorten Jun . . . . . . . . . . . . . . . . . . . . . . . . . . . . . . 1

| | |
|---|---|
| MM. P. Langewitz | 1 |
| Meyrer | 1 |
| Jean Hay | 1 |
| J. de Wiecker | 1 |
| Morisson | 1 |
| Mitchell | 1 |
| De Wiedau | 1 |
| Comte George Mengden | 1 |
| C. S. de Zimmermann | 1 |
| John. de Blanckenhagen | 1 |
| W. de Blanckenhagen, conseiller de la cour | 1 |
| Zoller Lensmeister Joh. Erustre Kohler | 1 |
| El. Vietinghoff, née Comtesse Munnich | 1 |
| Le Chevalier Hagelstrom | 1 |
| Vice-Gouverneur livonien, conseiller d'État et chevalier de Beer | 1 |
| Helmund, consul de Prusse | 1 |
| Klein | 1 |
| M<sup>me</sup> de Lowis | 1 |
| L. F. Zacharia | 1 |
| Le Chevalier de Gersdorff | 1 |
| Alexandre de Rennenkampf | 1 |
| La Comtesse Mengden | 1 |
| Ritter Staats, notaire, R. V. Samson | 1 |
| Land Rath et Ritter von Anress | 1 |
| Friederich von Meiners | 1 |
| Baron Wrangell von Cubele | 1 |
| De Smitten | 1 |
| De Helmerssen | 1 |
| Doctor Sommer | 1 |
| B. H. Schnobel | 1 |
| Le Chambellan de Hagemeister | 1 |
| Conseiller H. de Bouchon | 1 |
| Conseiller Mersbier | 1 |
| Jean de Falose | 1 |
| Henrich Gottlieb Bencken | 1 |
| Briscorn, procureur | 1 |
| Martin Jacobson | 1 |
| Le Baron de Noleken | 1 |

*A Dorpat, le 7 mars.*

| | |
|---|---|
| J. Baron d'Ungern Sternberg, vice-curateur de l'Université | 1 |
| M. J. de Bock, conseiller d'État actuel | 1 |
| Pour l'Université de Dorpat . . . . . . . . . Avant la L. | 1 |
| Professeur Parott | 1 |
| Professeur Schalk | 1 |
| Professeur Morgenstern | 1 |
| Professeur Hermann | 1 |
| Professeur Faesche | 1 |
| Le Lieutenant-Colonel Prince Hawansky | 1 |

MM. Colonel Rachmanoff. . . . . . . . . . . . . . . . . . . . . . . . . 1
Conseiller titulaire Chodolei. . . . . . . . . . . . . . . . . . . . 1
Baron Hampe. . . . . . . . . . . . . . . . . . . . . . . . . . . . 1
Comte Stackelberg . . . . . . . . . . . . . . . . . . . . . . . . . 1
D'Ermès . . . . . . . . . . . . . . . . . . . . . . . . . . . . . . 1
De Knorring . . . . . . . . . . . . . . . . . . . . . . . . . . . . 1
Lieutenant-Général de Knorring . . . . . . . . . . . . . . . . . . 1

### A Saint-Pétersbourg, le 15 mars.

Pour Sa Majesté l'Impératrice . . . . . . . . . . . . . . . . . . . 10
Pour Sa Majesté l'Impératrice Mère . . . . . . . . . . . . . . . . 5
Pour L. A. Impériales M<sup>mes</sup> les Grandes-Duchesses Marie et Catherine . . . 2
La Duchesse et le Duc Louis de Wurtemberg . . . . . . . . . . . . 2
Le Général Hédouville, ministre de la République française . . . . . 2
Le Comte de Strogonoff . . . . . . . . . . . . . . . . . . . . . . 3
Le Comte Dimitri Boutourlin . . . . . . . . . . . . . . . . . . . . 2
Alexandre Narischkin, grand chambellan . . . . . . . . . . . . . 3
Narischkin, chambellan . . . . . . . . . . . . . . . . . . . . . . 1
Le Prince Adam Poninsky . . . . . . . . . . . . . . . . . . . . . 2
Marine, officier aux gardes . . . . . . . . . . . . . . . . . . . . 1
Comte Borizcky . . . . . . . . . . . . . . . . . . . . . . . . . . 1
Général Major Godlewsky . . . . . . . . . . . . . . . . . . . . . 1
Le Chancelier Comte de Worontzow . . . . . . . . . . . . . . . . 2
Prince Volkonsky . . . . . . . . . . . . . . . . . . . . . . . . . 1
Thomas de Thomon, architecte de Sa Majesté impériale . . . . . . 1
De Kalitcheff . . . . . . . . . . . . . . . . . . . . . . . . . . . 1
Le Prince Paul de Scherbatoff . . . . . . . . . . . . . . . . . . . 1
Tonci . . . . . . . . . . . . . . . . . . . . . . . . . . . . . . . 1
Paul d'Oubril . . . . . . . . . . . . . . . . . . . . . . . . . . . 2
Charles de Foussadier . . . . . . . . . . . . . . . . . . . . . . . 1
Prince de Wolkonsky . . . . . . . . . . . . . . . . . . . . . . . 1
Alici, libraire de la Cour . . . . . . . . . . . . . . . . . . . . . 5
Doyen, professeur, peintre d'histoire de Sa Majesté impériale . . . . 1
Magnitzky . . . . . . . . . . . . . . . . . . . . . . . . . . . . . 1
Lomonossoff . . . . . . . . . . . . . . . . . . . . . . . . . . . 1
Lesseps, commissaire général des relations commerciales de France . . 1
Frères Livio . . . . . . . . . . . . . . . . . . . . . . . . . . . 1
Le Comte Nicolas Tolstoy . . . . . . . . . . . . . . . . . . . . . 2
Kouschnicoff . . . . . . . . . . . . . . . . . . . . . . . . . . . 2
Le Général de Goguel . . . . . . . . . . . . . . . . . . . . . . . 2
Le Général de Rounitsch, gouverneur de Viatka . . . . . Avant la L. 1
Le Lieutenant-Colonel de Berens . . . . . . . . . . . . . . . . . 1
Le Grand Échanson de Zagriajskoy . . . . . . . . . . . . . . . . 2
Comte Samoylow . . . . . . . . . . . . . . . . . . . . . . . . . 4
Le Comte Branicki . . . . . . . . . . . . . . . . . . . . . . . . 4
Le Prince Czartoryski . . . . . . . . . . . . . . . . . . . . . . . 2
La Princesse de Schakovskoy . . . . . . . . . . . . . . . . . . . 3
L'ingénieur constructeur Brun-Sainte-Catherine . . . . . . . . . . 1
Le Comte Nicolas de Roumanzoff . . . . . . . . . . . . . . . . . 2

FERDINAND DE MEYS 137

| | | |
|---|---|---|
| MM. | La Princesse Beloselsky. | 3 |
| | Pour l'Académie Impériale. | 1 |
| | Pour l'Académie Impériale des Beaux-Arts. | 3 |
| | Timcowskoy, docteur en médecine. | 1 |
| | Le Maréchal Comte Nicolas de Soltykoff. | 2 |
| | Le Gouverneur militaire Comte Tolstoy. | 4 |
| | Le Prince J. Gagarine. | 1 |
| | Le Feld-Maréchal Comte Kamensky. | 5 |
| | Pour S. A. R. M$^{gr}$ l'Archiduc Joseph Palatin d'Hongrie | 3 |
| | Le Prince de Lapoukhine | 2 |
| | Aide de camp de S. A. Impériale, Colonel des gardes, Nicolas de Tschitscherine. | 1 |
| | Aide de camp de S. A. Impériale, Dimitri Draguileff. | 1 |
| | Aide de camp de S. A. Impériale, le Colonel Comte Serge Munnich | 1 |
| | G. Michell, officier des écuries de S. A. Impériale M$^{gr}$ le Grand-Duc Constantin. | 1 |
| | De Laval, chambellan actuel de Sa Majesté Impériale. | 2 |
| | Comte Nicolas de Souboff. | 2 |
| | Comte de Kotschoubey. | 2 |
| | Lazareff. | 1 |
| | J. Rogerson. | 2 |
| | J. Berguine. | 2 |
| | De Bihl. | 1 |
| | Le Comte Valérien de Souboff. | 2 |
| | Le Comte Alexis Soltykoff. | 1 |
| | Le Prince Wolkonsky, l'intendant général | 1 |
| | Le Ministre de la guerre Wiasmitinoff. | 1 |
| | Le Général de Police Friederic von Ertel | 2 |
| | Daniel Camper, négociant. | 1 |
| | Le Comte Grégoire Orloff | 2 |
| | Catherine de Novossiltzoff. | 1 |
| | Le Comte et la Comtesse Orloff. | 2 |
| | Le Prince et la Princesse Repnin. Avant la L. | 1 |
| | La Comtesse Schouvaloff. | 2 |
| | Bardewick. | 1 |
| | Michel de Mouravieff. | 1 |
| | Dershavine. | 1 |
| | Le Comte de Wasilieff. | 1 |
| | Le Prince Serge Dolgorouky | 1 |
| | Le Comte de Lieven. Avant la L. | 1 |
| | Le Duc de Serracapriola. | 1 |
| | Aide de camp général, Chef des Chevaliers gardes, Ouvaroff. | 1 |
| | Le Baron de Posen, ministre de Bavière. | 1 |
| | Le Prince Alexis Kourakin. | 5 |
| | Duval. | 1 |
| | Le Sénateur Koucheleff. | 1 |
| | Le Comte Paul Koutaissoff. | 1 |
| | Le Prince Souvoroff. | 2 |
| | La Comtesse Potemkin | 1 |
| | Le Comte Potemkin, officier aux Gardes | 1 |
| | Le Comte de Goltz, ministre de Prusse. | 1 |

MM. Le Grand-Maître de la Cour Tarsoukoff . . . . . . . . . . . . . . . 1
Rosenkrantz, ministre de Danemarck. . . . . . . . . . . . . . . . 1
Lanskoy . . . . . . . . . . . . . . . . . . . . . . . . . . . . . . . . 1
P.-J. Sicard . . . . . . . . . . . . . . . . . . . . . . . . . . . . . 1
Le Commandeur d'Arango. . . . . . . . . . . . . . . . . . . . . . 1
J. J. Blandow . . . . . . . . . . . . . . . . . . . . . . . . . . . . 1
Pierre Manitscharoff . . . . . . . . . . . . . . . . . . . . . . . . 1
Le Prince de Georgie . . . . . . . . . . . . . . . . . . . . . . . . 2
Nicolas Ivanovitzch de Masloff . . . . . . . . . . . . . . . . . . . 1
Alexey Korsakoff . . . . . . . . . . . . . . . . . . . . . . . . . . 1
Le Chambellan de Swistounoff. . . . . . . . . . . . . . . . . . . 1
Le Conseiller actuel de Samarine. . . . . . . . . . . . . . . . . . 1
Le Comte de Czernicheff. . . . . . . . . . . . . . . . . . . . . . 4
La Comtesse Golowkin, dame d'honneur . . . . . . . . . . . . . . 1
La Comtesse Elisabeth Golowkin . . . . . . . . . . . . . . . . . . 1
La Comtesse Sophie de Schouvaloff. . . . . . . . . . . . . . . . . 1
Le Comte Besborodko. . . . . . . . . . . . . . . . . . . . . . . . 2
Dournoff . . . . . . . . . . . . . . . . . . . . . . . . . . . . . . . 1
Le Sénateur Comte Ilinski . . . . . . . . . . . . . . . . . . . . . 2
Demitri de Chwostoff . . . . . . . . . . . . . . . . . . . . . . . . 1
Le Prince Alexandre Galitzin . . . . . . . . . . . . . . . . . . . . 1
Brutkoff . . . . . . . . . . . . . . . . . . . . . . . . . . . . . . . 1
Rayneval, secrétaire de la Légation Française . . . . . . . . . . . 1
Le Lieutenant-Général de Buschen . . . . . . . . . . . . . . . . . 1
Le Général Lezzano . . . . . . . . . . . . . . . . . . . . . . . . . 1
N. Tscharikoff, chevalier de Malthe . . . . . . . . . . . . . . . . 1
Le Comte d'Ostermann, chancelier . . . . . . . . . . . . . . . . 1
Jean Hamen Ferber, fabricant . . . . . . . . . . . . . . . . . . . 1
Le Baron de Rall . . . . . . . . . . . . . . . . . . . . . . . . . . 1
J. P. Grootten, négociant . . . . . . . . . . . . . . . . . . . . . . 1
Le Lieutenant-Général Tschertkoff . . . . . . . . . . . . . . . . . 1
Jean Walser . . . . . . . . . . . . . . . . . . . . . . . . . . . . . 1
Cresp. . . . . . . . . . . . . . . . . . . . . . . . . . . . . . . . . 1
Vorsmikhindg, architecte de Sa Majesté Impériale . . . . . . . . . 1
Le Baron Vaincker . . . . . . . . . . . . . . . . . . . . . . . . . 1
G.-E. La Coste . . . . . . . . . . . . . . . . . . . . . . . . . . . 1
G. Klostermann . . . . . . . . . . . . . . . . . . . . . . . . . . . 1
Le Conseiller de Cour d'Hertel . . . . . . . . . . . . . . . . . . . 1
Le Général Major, Talisin . . . . . . . . . . . . . . . . . . . . . 1
Henrich Harder, bourguemaître in Perme . . . . . . . . . . . . . 1
Ivan Pischewitz, lieutenant-colonel et chevalier . . . . . . . . . . 1
Le Conseiller tutélaire Nicolas Sabinin . . . . . . . . . . . . . . . 1

*A Twer, le 5 mai.*

Vice-Gouverneur de Twer Arsenieff . . . . . . . . . . . . . . . . 1
Le Gouverneur de Twer Prince Ouchtomsky . . . . . . . . . . . . 1
Le sous-lieutenant des Gardes Dimitri Okouneff . . . . . . . . . . 1
Prince Hawansky . . . . . . . . . . . . . . . . . . . . . . . . . . 1
George Tepliakoff . . . . . . . . . . . . . . . . . . . . . . . . . . 1

*A Moscou, le 8 mai.*

| | | |
|---|---|---|
| MM. | Le Feld-Maréchal Comte de Soltykoff. | 2 |
| | Le Prince Alexandre Kourakin. | 5 |
| | Le Prince Massalsky. | 1 |
| | Gouverneur civil de Moscou d'Arschenewsky. | 1 |
| | Conseiller de Collège de Selicoff. | 1 |
| | Prince Michel Galitzin. | 1 |
| | Le Général Archaroff. | 1 |
| | Nikita Petrovitsch Hitrow. | 1 |
| | Le Général Major Toutschkoff. Avant l. L. | 1 |
| | P. de Miatleff. | 2 |
| | Prince George Dolgorouky. | 1 |
| | A. Prince de Wiasemskoy. | 2 |
| | Le Sénateur Spiridow. | 1 |
| | La Comtesse Orlow Tschesmenskoy. | 2 |
| | Basile Scheremeteff. | 1 |
| | Le Prince Koslowskoy. | 1 |
| | Paul de Camoreff. | 1 |
| | Le Conseiller Led. Petrovitsch Sagriajsky. | 1 |
| | Alexandre de Tschesmenskoy. | 1 |
| | Prince E. Kourakin. | 1 |
| | Prince Nesvitzky. | 1 |
| | Le Grand-Chambellan Prince Galitzin. | 2 |
| | Lieutenant-Général Prince de Schahowskoy. | 1 |
| | Nicolas Louguinine. | 1 |
| | Lieutenant Lagoffet. | 1 |
| | Colonel Doudin. | 1 |
| | Capitaine Bourzoff. | 1 |
| | Prince Paul Schahovskoy. | 1 |
| | Théodore Klutscharew. | 2 |
| | Jean de Pestel, sénateur. | 1 |
| | Général Spiridow, maître général de police. | 1 |
| | Maître de Police Pierre Ivaschkoff. | 1 |
| | Stepane Sanowleff. | 1 |
| | Jean Boulgasrew. | 1 |
| | Conseiller de la Cour Alexis Martinoff. | 1 |
| | Conseiller tutélaire Atalicoff. | 1 |
| | Assesseur Kurin. | 1 |
| | De Jermoloff, général major. | 1 |
| | Prince Jean Tufiakin. | 1 |
| | Dimitri de Kisseleff. | 1 |
| | Pierre de Lounine, lieutenant-général. | 1 |
| | Théodore Kisseleff. | 1 |
| | Pierre Rimskoy Korsakoff. | 1 |
| | Alexandre Korsakoff. | 1 |
| | Pierre de Valoujeff. | 2 |
| | Assesseur de Collège Jean Volkoff. | 1 |
| | Ekime Lazarew. | 2 |

MM. A. Dourassoff. . . . . . . . . . . . . . . . . . . . . . . . . . . . . . . . . . 1
S. Melgounoff. . . . . . . . . . . . . . . . . . . . . . . . . . . . . . . . . . . 1
Le P. V. V. Artemiew . . . . . . . . . . . . . . . . . . . . . . . . . . . . . . 1
Alexandre Rimsky de Korsakow . . . . . . . . . . . . . . . . . . . . . . . 1
La Princesse Dolgorouky . . . . . . . . . . . . . . . . . . . . . . . . . . . 1
Serge de Soltykoff . . . . . . . . . . . . . . . . . . . . . . . . . . . . . . . 1
Jean de Massloff . . . . . . . . . . . . . . . . . . . . . . . . . . . . . . . . 1
Commandant Hersé. . . . . . . . . . . . . . . . . . . . . . . . . . . . . . 1
Théodore Mossoloff. . . . . . . . . . . . . . . . . . . . . . . Avant la L. 1
Assesseur de Collège Nicolas Yermolaieff . . . . . . . . . . . . . . . . 1
Le Général Major de Korsakoff. . . . . . . . . . . . . . . . . . . . . . 1
Le Sénateur Comte Ostermann . . . . . . . . . . . . . . . . . . . . . . 1
Le Général Demidoff . . . . . . . . . . . . . . . 1 avant la L. et 2
Le Prince Michel Sergievitsch Volkonsky . . . . . . . . . . Avant la L. 1
Le Professeur de l'Université Impériale de Moscou Tschebotarow . Avant la L. 1
Le Général de Vsevolojsky. . . . . . . . . . . . . . . . . . . . . . . . . 1
Général Major Merlin . . . . . . . . . . . . . . . . . . . . . . . . . . . . 2
Prince Pierre Troubetzkoy. . . . . . . . . . . . . . . . . . . . . . . . . 1
Lieutenant-Général Prince Boris Galitzin . . . . . . . . . . . . . . . 1
Le Conseiller d'État actuel P. Arsenieff. . . . . . . . . . . . . . . . 1
Le Général Major Kyperskoy. . . . . . . . . . . . . . . . . . . . . . . 1
Dimitri Schoukin. . . . . . . . . . . . . . . . . . . . . . . . . . . . . . . 1
Meybohm . . . . . . . . . . . . . . . . . . . . . . . . . . . . . . . . . . . 1
Dimitri Olsoufieff. . . . . . . . . . . . . . . . . . . . . . . . . . . . . . 1
Titow . . . . . . . . . . . . . . . . . . . . . . . . . . . . . . . . . . . . . . 1
P. Likhareff . . . . . . . . . . . . . . . . . . . . . . . . . . . . . . . . . . 1
Platon Beketow. . . . . . . . . . . . . . . . . . . . . . . . . . . . . . . . 1
Jean Beketow. . . . . . . . . . . . . . . . . . . . . . . . . . . . . . . . . 1
Prince Ivan Bariatinskoy . . . . . . . . . . . . . . . . . . . . . . . . . 1
Nicolas Alexis Scripitzin. . . . . . . . . . . . . . . . . . . . . . . . . . 1
Prince Basile Hawansky, premier procureur et chevalier . . . . . . 1
Saucet, libraire de Moscou résidant à Paris. . . . . . . . . . . . . . 1
Pierre Montagne . . . . . . . . . . . . . . . . . . . . . . . . . . . . . . 1
Prince Pierre Hawansky. . . . . . . . . . . . . . . . . . . . . . . . . . 1
Charles Hake. . . . . . . . . . . . . . . . . . . . . . . . . . . . . . . . . 1
Général Major de Souhotine . . . . . . . . . . . . . . . . . . . . . . 1
Théodore de Lopouchine . . . . . . . . . . . . . . . . . . . . . . . . 1
Le Chambellan de Narischkin . . . . . . . . . . . . . . . . . . . . . . 1
André Daschkoff . . . . . . . . . . . . . . . . . . . . . . . . . . . . . . 1
Assesseur de Collège Pierre Lissenkoff . . . . . . . . . . . . . . . . 1
Assesseur de Collège Jétime Joukoff. . . . . . . . . . . . . . . . . . 1
Assesseur de Collège Pierre Souregouroff. . . . . . . . . . . . . . . 1
De Grouchetskoy . . . . . . . . . . . . . . . . . . . . . . . . . . . . . . 1
Le Général en Chef de Yeropkine. . . . . . . . . . . . . . . . . . . . 1
Prince de Daschkow . . . . . . . . . . . . . . . . . . . . . . . . . . . . 1
Fédotoff, officier de police . . . . . . . . . . . . . . . . . . . . . . . 1
Jean Pozzi. . . . . . . . . . . . . . . . . . . . . . . . . . . . . . . . . . . 1
Le Prince Nicolas Tcherkasky . . . . . . . . . . . . . . . . . . . . . . 1
Jétime Ivanitsch Protopopoff, marchand de Moscou . . . . . . . . 1

FERDINAND DE MEYS                                141

MM. De Mamonoff. . . . . . . . . . . . . . . . . . . . . . . . . . .  1
    Alexis Bechtéeff . . . . . . . . . . . . . . . . . . . . . . . . . 1
    Alex. Massalow . . . . . . . . . . . . . . . . . . . . . . . . . . 1
    Pierre Youschkoff . . . . . . . . . . . . . . . . . . . . . . . . 1
    Pierre Oustinoff . . . . . . . . . . . . . . . . . . . . . . . . . 1
    Conseiller d'État actuel de Mourawieff . . . . . . . . . . . . . . 1
    Le Sénateur Prince Bagration . . . . . . . . . . . . . . . . . . . 1
    Le Sénateur Nélidoff . . . . . . . . . . . . . . . . . . . . . . . 1
    Alexandre Arsénieff . . . . . . . . . . . . . . . . . . . . . . . 1
    Le Prince Nicolas Troubetzkoy. . . . . . . . . . . . . . . . . . . 1
    Jean Chodzkievieff . . . . . . . . . . . . . . . . . . . . . . . . 1
    Franciscus Keresturi . . . . . . . . . . . . . . . . . . . Avant la L. 1
    D. Tarkeleff . . . . . . . . . . . . . . . . . . . . . . . . . . . 1
    Paul G. Koutousoff . . . . . . . . . . . . . . . . . . . . . . . . 1
    Princesse Gagarin . . . . . . . . . . . . . . . . . . . . . . . . 1
    Serge Pouschkine . . . . . . . . . . . . . . . . . . . . . . . . . 1
    F. Rowand . . . . . . . . . . . . . . . . . . . . . . . . . . . . 1
    Alexis Pouschkin . . . . . . . . . . . . . . . . . . . . . . . . . 1
    Wsevolode Andrévitsche de Vsevolojsky. . . . . . . . . . . . . . . 1
    Alexandre Maschkoff . . . . . . . . . . . . . . . . . . . . . . . 1
    Alexandre Pluschkoff . . . . . . . . . . . . . . . . . . . . . . . 1
    Prince Jean Kourakin. . . . . . . . . . . . . . . . . . . . . . . 1
    Ivan Radionovitsch Batacheff . . . . . . . . . . . . . . . . . . . 1
    Le Comte Théodore Tolstoy . . . . . . . . . . . . . . . . . . . . 1
    Le Général Major Grigori Tormensky. . . . . . . . . . . . . . . . 2
    Général Major Yermolow . . . . . . . . . . . . . . . . . . . . . . 1
    La Générale lieut{te} Tschernicheff. . . . . . . . . . . . . . . . 1
    Colonel d'artillerie Hagel . . . . . . . . . . . . . . . . . . . . 1
    Nicolas Kaschkin . . . . . . . . . . . . . . . . . . . . . . . . . 1
    Général Major Jean Rounitsch. . . . . . . . . . . . . . . . . . . 1
    Dimitri Kaschkin . . . . . . . . . . . . . . . . . . . . . . . . . 2
    Le Prince Sibirsky . . . . . . . . . . . . . . . . . . . . . . . . 1
    Général-Lieutenant Kokousoff . . . . . . . . . . . . . . . . . . . 1
    Lieutenant-Général Comte de Goudovitsch . . . . . . . . . . . . . 1
    Jean Zagriajskoy . . . . . . . . . . . . . . . . . . . . . . . . . 1
    Michel Smirnoff. . . . . . . . . . . . . . . . . . . . . . . . . . 2
    Jean Jéfimovitsch. . . . . . . . . . . . . . . . . . . . . . . . . 1
    Le Prince Paul Mestschersky. . . . . . . . . . . . . . . . . . . . 1
    Paul Kaveline . . . . . . . . . . . . . . . . . . . . . . . . . . 1
    Comte Léon Razoumoffsky . . . . . . . . . . . . . . . . . . . . . 1
    Le Prince Michel Galitzin . . . . . . . . . . . . . . . . . . . . 1
    Le Prince Pierre Obolensky . . . . . . . . . . . . . . . . . . . . 1
    Le Prince Dimitri Lwoff . . . . . . . . . . . . . . . . . . . . . 1
    Le Prince Michel Petrovitsch Volkonsky . . . . . . . . . . . . . . 1
    Adjudant Alexandre Offrossimoff. . . . . . . . . . . . . . . . . . 1
    Prince André Gortchakoff. . . . . . . . . . . . . . . . . . . . . 1
    Le Colonel Toutolmine . . . . . . . . . . . . . . . . . . . . . . 1
    Nom illisible . . . . . . . . . . . . . . . . . . . . . . . . . . 1
    Le Conseiller privé Naschokine . . . . . . . . . . . . . . . . . . 1

MM. Prince Serge Galitzine, colonel. . . . . . . . . . . . . . . . . . . 1

### A Wladimir, le 12 juillet.

Conseiller d'État actuel et Chevalier Yapskoy . . . . . . . . . . . . 1
Conseiller d'État Alexandre Zensine . . . . . . . . . . . . . . . . . 1
Le Prince Jean Dolgorouky, gouverneur . . . . . . . . . . . . . . . 1

### A Nijny-Nowgorode, juillet.

Le Gouverneur Michel Antonovitsch Chischkoff . . . . . . . . . . . . 1
Stepane Fedorovitsch Kosloff . . . . . . . . . . . . . . . . . . . . 1
Michel Vassillovitsch Ouschakoff . . . . . . . . . . . . . . . . . . 1
Nicolas Ivanovitsch Bouchvostoff . . . . . . . . . . . . . . . . . . 1
Eudoxime Fédorovitsch Kouprianoff . . . . . . . . . . . . . . . . . 1
Charles Maximovitsch Rehbinder . . . . . . . . . . . . . . . . . . . 1
Ivan Dimitrievitsch Douroff . . . . . . . . . . . . . . . . . . . . 1
Ivan Dimitrievitsch Zacharoff . . . . . . . . . . . . . . . . . . . 1
Le Gouverneur André Maximovitsch Gourowsky . . . . . . . . . . . . . 1
Pierre Andréevitsch Marmouskoy . . . . . . . . . . . . . . . . . . . 6
Dimitri Egorovitsch Poltschaninow . . . . . . . . . . . . . . . . . 1
Frans Ossipovitsch Massari . . . . . . . . . . . . . . . . . . . . . 1
Général-Lieutenant Jean Bélavine . . . . . . . . . . . . . . . . . . 1
Conseiller et Chevalier de Pracondine . . . . . . . . . . . . . . . 1
Basile Kabloukow . . . . . . . . . . . . . . . . . . . . . . . . . . 1
Alexandre Iv. Kastramine, fermier . . . . . . . . . . . . . . . . . 1
Le Colonel et Chevalier Jacow. Jacowleff Toussakoff . . . . . . . . 1
Le Général-Lieutenant Engelhard . . . . . . . . . . . . . . . . . . 1
Korisine . . . . . . . . . . . . . . . . . . . . . . . . . . . . . . 1
Iv. Ant. Garnowsky . . . . . . . . . . . . . . . . . . . . . . . . . 1
Général Major Nicolas Dimitri Bachmétieff . . . . . . . . . . . . . 1
Assesseur de Collège Serge Petrovitsche Skouridine . . . . . . . . . 1
Felix Lojowsky, médecin de Nijny . . . . . . . . . . . . . . . . . . 1
M$^{me}$ l'Abbesse Novikoff, à Nijny . . . . . . . . . . . . . . . . 1
George Pitzsch, conseiller du Gouvernement . . . . . . . . . . . . . 1
Le Prince Nicolas Schakowskoy . . . . . . . . . . . . . . . . . . . 1
Conseiller de Cour David Tschekerliane . . . . . . . . . . . . . . . 1
Le Brigadier Tschemadanow . . . . . . . . . . . . . . . . . . . . . 1

### A Moscou, mois de décembre (EXPÉDITION DES GAZETTES).

Vassili Karnianow . . . . . . . . . . . . . . . . . . . . . . . . . 1
Alexis Soumaroukow . . . . . . . . . . . . . . . . . . . . . . . . . 1
Avdotia Orlow . . . . . . . . . . . . . . . . . . . . . . . . . . . 1
Ivan Belkine . . . . . . . . . . . . . . . . . . . . . . . . . . . . 1
Dimitri Ivenskoy . . . . . . . . . . . . . . . . . . . . . . . . . . 1
Dimitri Diagilew . . . . . . . . . . . . . . . . . . . . . . . . . . 1
Ivan Belkine . . . . . . . . . . . . . . . . . . . . . . . . . . . . 1
Paul Naoumow . . . . . . . . . . . . . . . . . . . . . . . . . . . . 1

### A Moscou, janvier 1804.

Daniel Woltchkoff . . . . . . . . . . . . . . . . . . . . . . . . . 1

| | |
|---|---|
| MM. Appolon Andréitzch Wolkoff | 1 |
| Mathieu Olsoufieff | 1 |
| Le Prince Metschersky | 1 |
| Le Général Somow | 1 |
| Le Général Blankenhagen | 1 |
| Le Général Nisolsky | 1 |
| Priekonsky | 1 |
| Pierre Kologrivoff | 1 |
| Comte Pouschkin | 1 |
| Nom illisible | 1 |
| Nom illisible | 1 |
| Prince Wladimir Cherbatoff | 1 |
| Jean de Kocheleff | 1 |
| Nicolas Naoumoff | 1 |
| Constantin de Voyékoff | 1 |
| Prince Nicolas Viasemsky | 1 |
| Prince Alexandre Lobanoff | 1 |
| Princesse Marie Galitzin, née d'Olsoufieff | 1 |
| Le Général Baranoff | 1 |
| Prince Jacques Lobanoff | 1 |
| Prince Dimitri Lobanoff | 1 |
| Prince Michel Hilkoff | 1 |
| Colonel Boris Blanc | 1 |
| André Ladijensky | 1 |
| Comte Nicolas Zotoff | 1 |
| Comte Alexis Golowkin | 2 |
| Prince Alexandre Ouroussoff | 1 |
| Blancménil, à Paris | 1 |
| Boris Sagriajsky | 1 |
| Ostrowsky | 1 |
| Nom illisible | 1 |
| Le Major Richter | 1 |
| Elisabeth Batacheff | 1 |
| Dimitri Yankoff | 1 |
| Jean Valinsky | 1 |
| Prince André Havansky | 1 |
| Alexis Dedeneff | 1 |
| S. Lwow Cadet | 1 |
| Nicolas Démianow | 1 |
| Harris, à Londres | 1 |
| Cornewall, à Londres | 1 |
| Ladigensky | 1 |
| Mackenzay, à Londres | 1 |
| Gri. Rachmanoff | 1 |
| Le Général Solovoro | 1 |
| Colonel Gribowsky | 1 |
| Princesse Daschkow | 1 |
| Le Général et Chambellan Kombourley | 1 |
| Le Général Rachmanoff | 1 |

| | |
|---|---:|
| MM. Adam Tschelistcheff.................................. | 1 |
| Alexis Davidoff..................................... | 1 |
| Alexandre Kourbatoff................................ | 1 |
| Conseiller privé actuel Engelhard..................... | 1 |
| Alexandre Jacovleff................................. | 1 |
| Prince Alexis Dolgorouky............................ | 1 |
| Prince Menschikoff.................................. | 1 |
| Le D$^r$ de Leau.................................... | 1 |
| Brigadier Dawidoff.................................. | 1 |
| Alexis Zybin....................................... | 1 |
| Le Prince Jacob Galitzin............................. | 1 |
| Prince Boris Tscherkasky............................ | 1 |
| Basile de Honouroff................................. | 1 |
| Général-Lieutenant Lévaschoff....................... | 1 |
| Artitscheff......................................... | 1 |
| Le Conseiller privé Lapteff........................... | 1 |
| Karabanoff........................................ | 1 |
| W. Woulff......................................... | 1 |
| D. Apochtine...................................... | 1 |
| N. Karamsine..................................... | 1 |
| Prince Jacques Galitzine..................... Avant la L. 1 et | 1 |
| Prince Jacques de Georgie........................... | 1 |
| Dorothée de Tschémadanoff.......................... | 1 |
| Prince Grigori Scherbatoff........................... | 1 |
| Jean Hennessienne, maître de pension................ | 1 |
| A. Hornong........................................ | 1 |
| M$^{me}$ de Lapkoff.................................. | 1 |
| Marie de Tatischeff, née Rjewski..................... | 1 |
| Catherine, princesse de Troubetzkoy................. | 1 |
| Messendyk........................................ | 1 |
| Knauff............................................ | 1 |
| Gruzetti........................................... | 1 |
| V. Andréanoff..................................... | 1 |
| Hembry........................................... | 1 |

### A Smolensk, le 20 mars 1804.

| | |
|---|---:|
| Le Gouverneur Militaire Apraxin..................... | 4 |
| Le Maréchal de la noblesse Tschagaroff............... | 1 |
| Le Conseiller de Collège Shleting..................... | 1 |
| Le Veneur et Chevalier Potemkim..................... | 1 |
| Le Chambellan, Baron d'Ungern Sternberg............ | 1 |
| Le Conseiller d'État Peleskoy........................ | 1 |
| Le Lieutenant-Colonel Badransky.................... | 1 |
| Le Conseiller d'État, Vice-Gouverneur Shwikowski..... | 1 |
| Basile Shwikowski.................................. | 1 |
| Le Candidat en droits Christophe Reinck.............. | 1 |
| Le Prince Boris de Galitzin........................... | 2 |
| Le Colonel Lensky.................................. | |

## FERDINAND DE MEYS

### A Minsk, le 3 avril.

| | |
|---|---|
| MM. Le Gouverneur et Chevalier Karnéieff | 1 |
| L'Archevêque de Shins et de Lithuanie, M{sr} Joba | 2 |
| Le Vice-Gouverneur Benevolenski | 1 |
| Le Général Major Schitzki | 1 |
| Le Lieutenant-Général Islénieff | 1 |
| Le Président du deuxième département du Tribunal de Minsk I. Islenski | 1 |
| Jean Czaplinski | 1 |

### A Wilna, le 8 avril.

| | |
|---|---|
| Le Gouverneur militaire de Lithuanie Baron de Bennigsen | 2 |
| Virion, docteur et inspecteur en médecine à Grodno | 1 |
| T. Kukiewitz, procureur du Gouvernement | 1 |
| C. Loschern, général major, chef du régiment de dragons de Courlande | 1 |
| Eugène Marcoff, général major et commandant du régiment de Pskoff | 1 |
| Comte Dimitri Tolstoy | 1 |
| Le Comte Mostowski | 1 |
| Kochowski, directeur des postes | 1 |
| Bagmewski, vice-gouverneur | 1 |
| La Comtesse Tiesenhaus | 1 |
| La Comtesse Kossakowska | 1 |
| Lieutenant-général Kaziewitz | 1 |
| Le Comte Brouwstowski, maréchal de la noblesse du Gouvernement de Vilna | 1 |
| Sigismond, Comte Grabowski, ci-devant écuyer tranchant de Lithuanie | 1 |
| Charles Czapski | 1 |
| Lebrun, premier sculpteur de S. M. le feu Roi de Pologne et professeur de l'Université et Académie Impériale de Vilna | 1 |
| Louis, Comte Tyszkiéwitz, conseiller privé | 1 |
| Le Lieutenant-Colonel Maselet | 1 |
| Alexandre, Comte de Lautrec | 1 |
| Comte de Balmène | 1 |
| Jérôme Schreynewski, recteur de l'Université de Vilna, pour l'Université | 1 |
| Le Comte Kossakowski | 1 |
| Michel, Comte Oginski | 1 |
| Michel Romer, président | 1 |
| Horn, assesseur de collège | 10 |
| Joseph de Narbut | 1 |

### A Grodno, le 17 avril.

| | |
|---|---|
| Lanskoy, gouverneur civil | 1 |
| Lackniski, colonel | 1 |
| Comte Niemziewitz, maréchal du gouvernement | 1 |
| De Giers, conseiller de cour et directeur de la douane, à Grodno | 1 |
| Clément de Laikowski, inspecteur des magasins de la douane, à Grodno | 1 |
| Le Chevalier de Meusche, conseiller de cour et commissaire de la navigation du Niémen | 1 |
| Conseiller titulaire Timothé Suchoduborski | 1 |
| Colonel et Chef du corps des Cadets de Grodno, Kettler | 1 |

MM. Lieutenant du corps des Cadets Dzieckouski . . . . . . . . . . . . . 1
Casimir, Comte Grabowski. . . . . . . . . . . . . . . . . . . . . . 1
Pamerzynski, maréchal de Grodno . . . . . . . . . . . . . . . . . . 1

### A Brzesc, le 22 avril.

Le Comte de Langeron, lieutenant-général, inspecteur de la division de
  Brzesc, chef du régiment du Biaski . . . . . . . . . . . . . . . . 1
Étienne Reiski, maréchal de Brzesc . . . . . . . . . . . . . . . . . 1
Lieutenant-Colonel Horaniczy du Brzesc, Louis Peenzerbuter . . . . . 1
Lieutenant d'artillerie Hoven . . . . . . . . . . . . . . . . . . . 1
Le Comte Nicolas Kamenski, général major, chef du régiment d'Archangel. 1
Engelhard, général major, chef du régiment de la Vieille-Ingrie . . 1
Le Conseiller de Cour Evreinow . . . . . . . . . . . . . . . . . . 1
Le Capitaine Petr. Zollner, à la douane de Brzesc Litowski . . . . 1
François de Karka . . . . . . . . . . . . . . . . . . . . . . . . . 1
Ignace Ursin de Niemcéwitz . . . . . . . . . . . . . . . . . . . . 1
Lyszenysky, assesseur . . . . . . . . . . . . . . . . . . . . . . . 1

### Autriche. — A Poulavi, le 15 mai. N. St.

Le Prince Czartoryski . . . . . . . . . . . . . . . . . . . . . . . 3
La Princesse Isabelle Czartoryska . . . . . . . . . . . . . . . . . 2

### A Opole, le 20 mai.

Le Prince Alexandre Lubomirski . . . . . . . . . . . . . . . . . . 1
Rosalie Lubomirska . . . . . . . . . . . . . . . . . . . . . . . . 1
De Meÿs, premier major du régiment de Reiss-Greitz, infanterie . . 1

### A Léopol, le 13 juin.

Le Comte Deym, président des Appelles . . . . . . . . . . . . . . . 1
Le Gouverneur de la Gallicie et Lodomeri, Chevalier d'Urményi . . . 1
Le Comte Joseph Azewnski . . . . . . . . . . . . . . . . . . . . . 1
Le Lieutenant-Général Comte Oreilly . . . . . . . . . . . . . . . . 1
Joseph, Comte de Swertz . . . . . . . . . . . . . . . . . . . . . . 1
C. G. de Glotz . . . . . . . . . . . . . . . . . . . . . . . . . . 1
Jean Hochler . . . . . . . . . . . . . . . . . . . . . . . . . . . 2
Chret. Henry Werner . . . . . . . . . . . . . . . . . . . . . . . . 1
Le Comte Théodore Potocki . . . . . . . . . . . . . . . . . . . . . 1
Le Comte Lezanzki, vice-président de la Gallicie . . . . . . . . . 1
Grocholsky, palatin de Bruclari, colonel de S. M. Impériale de Russie. 1
Cajetan, archevêque métropolitain de Leopol . . . . . . . . . . . . 1
Jean Symonowdz, archevêque de Léopol, du rite arménien . . . . . . 1
Joseph, Comte Plater, castellan de Troki et chevalier . . . . . . . 1
Severin, comte Kalinnoski . . . . . . . . . . . . . . . . . . . . . 1
Lucas Dombski, secrétaire des États de Gallicie . . . . . . . . . . 1
Ignace, comte Krosnowski . . . . . . . . . . . . . . . . . . . . . 1

### A Krakowiece, le 22 juin.

Ignace, comte Letner, pall. et conseiller de LL. MM. Impériale et Royale. 1
Le Prince Charles de Lorraine, commandant en Gallicie orientale . . 1

MM. La Princesse Étienne de Lorraine . . . . . . . . . . . . . . . . . 1

### A Cracovie, le 27 juin.

A. de Borosdin, lieutenant-général de Russie . . . . . . . . . . . . . 1
Le Comte Ignace Komorowski . . . . . . . . . . . . . . . . . . . 1
La Comtesse Czacka . . . . . . . . . . . . . . . . . . . . . . . 1
Le Comte Zaluski, conseiller privé de S. M. l'Empereur de Russie . . . . 1
Michel Korvin Skorupka . . . . . . . . . . . . . . . . . . . . . 1
Casimir Olcelswusky, Conseiller du tribunal des nobles . . . . . . . . 1
Le Général Comte de Nimptsch . . . . . . . . . . . . . . . . . . 1
Le Comte Paul Grabowski, ancien lieutenant-général . . . . . . . . . 1
La Comtesse Grabowska, née comtesse Zelenska . . . . . . . . . . . 1

### Moravie. — A Napageol, le 12 juillet.

La Comtesse Cobenzl . . . . . . . . . . . . . . . . . . . . . . 1
Le Comte Léopol Sternberg . . . . . . . . . . . . . . . . . . . 1
Le Cardinal Colleredo, prince archevêque d'Olmutz . . . . . . . . . . 2

### A Lisgruben.

Le Prince régnant Louis de Liechtenstein . . . . . . . . . . . . . . 1

### A Vienne, le 24 juillet.

Sa Majesté l'Empereur Roy . . . . . . . . . . . . . . Avant la L. 2
Sa Majesté l'Impératrice et Reine . . . . . . . . . . . Avant la L. 1
S. A. R. Mgr l'Archiduc Antoine, grand maître de l'Ordre Teutonique . . 1
S. A. R. Mgr l'Archiduc Ferdinand, prince héréditaire . . . . Avant la L. 1
S. A. R. Mme l'Archiduchesse Louise d'Autriche . . . . . . . . . . . 1
S. A. R. Mgr l'Archiduc Louis . . . . . . . . . . . . . . . . . . 1
S. A. R. Mgr l'Archiduc Rodolphe . . . . . . . . . . . . . . . . 1
S. A. R. Mgr l'Archiduc Jean . . . . . . . . . . . . . . . . . . 1
S. A. R. Mgr l'Archiduc Charles . . . . . . . . . . . . Avant la L. 1
Le Comte Spork, lieutenant-général, grand maître de S. A. R. Mgr l'Archiduc
  Antoine . . . . . . . . . . . . . . . . . . . . . . . . . . 1
L'Ambassadeur de Russie Comte de Razoumoffsky . . . . Avant la L. 1 et 2
De Champagny, ambassadeur de France . . . . . . . . . . . . . . 2
Louis, Comte Cobenzl . . . . . . . . . . . . . . . . . . . . . 2
Le Commandeur Comte Grabowski . . . . . . . . . . . . . . . . 1
Le Général d'artillerie Comte de Kaunitz Ritberg . . . . . . . . . . . 1
Le Prince de Kaunitz . . . . . . . . . . . . . . . . Avant la L. 1 et 2
Le Prince Charles de Meklembourg Sverin . . . . . . . . . . . . . 2
Le Comte Xavier de Hersan . . . . . . . . . . . . . . . . . . 1
J. T. Von der Null . . . . . . . . . . . . . . . . . . . . . . 1
S. A. R. le Duc Albert de Saxe Techen . . . . . . . . Avant la L. 1 et 2
Le Conseiller privé de S. M. Impériale et Royale P. Durieux . . . . . . 2
Le Secrétaire aulique d'Ankerberg . . . . . . . . . . . . . . . . . 1
Pour la Bibliothèque impériale et royale . . . . . . . . . . . . . . 1
Le Duc de Beaufort . . . . . . . . . . . . . . . . . . . . . . 1
Le Prince de Castelfranco, ambassadeur d'Espagne . . . . . Avant la L. 1

MM. La Comtesse Victoire de Colloredo . . . . . . . . . . . . . . . . . Avant la L. 1
Le Baron Franc Marie de Carned Steffaneo . . . . . . . . . . . . . . . . . . 1
Constance, Comtesse Rezwonska, née princesse Lubomirska . . . . . . . 1
Marianne Alexandrowicz, née Lédochowska . . . . . . . . . . . . . . . . . 1
A., Comtesse Potocka . . . . . . . . . . . . . . . . . . . . . . . . . . . . 1
Le Duc Ferdinand de Wurtemberg . . . . . . . . . . . . . . . . . . . . . 1
S. A. R. l'Archiduc Ferdinand et l'Archiduchesse . . . . . . . . . . . . . 2
D'Austett, conseiller d'État et d'ambassade de S. M. l'Empereur de Russie . . 1
Le Chevalier de Mallia, conseiller d'État . . . . . . . . . . . . . . . . . . 1
De Saint-Saphorin, envoyé ext. de Dannemarck . . . . . . . . . . . . . . 1
Le Chevalier Paget, ministre d'Angleterre . . . . . . . . . . . . . . . . . 1
Sigismond de Greuzenstein . . . . . . . . . . . . . . . . . . . . . . . . . 1
P. Neef, premier directeur de la Compagnie Impériale et Royale de Trieste et Furne . . . . . . . . . . . . . . . . . . . . . . . . . . . . . . . . . . . 1

### A Ratisbonne, le 22 aoust.

Le Ministre Résident de Russie Klupffell . . . . . . . . . . . . . . . . . . 1
Comte de Stadion, ministre impérial et royal de Bohême, à la Diète . . . . 1

### A Munich, le 24 aoust.

L'Électeur Bavaro Palatin . . . . . . . . . . . . . . . . . . . . . Avant la L. 6
Le Conseiller privé Baron de Buhler . . . . . . . . . . . . . . . . . . . . 1
Le Conseiller d'État actuel Baron de Buhler . . . . . . . . . . . . . . . . 1
Le Baron de Buol Schavenstein . . . . . . . . . . . . . . . . . . . . . . . 1
Elison Von der Recké, née comtesse de Medem de la Courlande . . . . . . 1
Le Conseiller privé de Russie Baron d'Heyking . . . . . . . . . . . . . . 1
Le Comte d'Arco, ministre de l'ordre de Malthe . . . . . . . . . . . . . . 1
Theodor, comte Topor Morawitzky, ministre d'État et des Conférences de S. A. E. Bavaro Palatine . . . . . . . . . . . . . . . . . . . . . . . . . 1
Max, comte de Preysing . . . . . . . . . . . . . . . . . . . . . . . . . . 1

### A Stuttgardt, le 30 aoust.

S. A. S^me Électorale de Wurtemberg . . . . . . . . . . . . . Avant la L. 1
S. A. S^me Électorale et Royale M^me l'Électrice de Wurtemberg . . Avant la L. 1
Comte Wintzingerode, ministre d'État . . . . . . . . . . . . . . . . . . . 1
Jacowleff, Envoyé de Russie . . . . . . . . . . . . . . . . . . . . . . . . 1
Le Comte de Plater . . . . . . . . . . . . . . . . . . . . . . . . . . . . . 1
Le Prince Eugène de Wurtemberg . . . . . . . . . . . . . . . . . . . . . 1

NOTA. — S'il y a erreur dans quelques noms, on voudra bien en excuser l'auteur.

# COSTA DE BEAUREGARD

*A Monsieur le Marquis Costa de Beauregard,
de l'Académie Française.*

Mon cher ami,

C'est bien le moins que je vous dédie cette modeste étude, puisqu'elle est puisée tout entière dans votre livre *Un homme d'autrefois*, monument exquis élevé par votre talent et votre cœur à la mémoire de votre ancêtre qui le méritait par un caractère et des vertus que l'adversité semblait accroître encore.

F. S.

e lecteur, qui aime les documents vécus, préférera, nous n'en doutons pas, les pages si vivantes du marquis Albert Costa de Beauregard et celles si primesautières écrites par notre jeune artiste Henry Costa, à notre prose personnelle et aux variations que nous aurions pu exécuter sur ce thème : *Un jeune prodige en 1765*. Nous nous bornerons donc, en plaçant à côté de la correspondance artistique de Costa les reproductions de ses trop rares tableaux, à faire en quelque sorte une illustration de ses lettres : nous espérons ainsi en doubler l'intérêt.

Henry-Joseph Costa était né au château du Villard, en Savoie, en 1752.

L'atmosphère qui régnait dans la vieille demeure seigneuriale était bien faite pour mûrir promptement un esprit éveillé et développer des goûts artis-

LE MARQUIS HENRY COSTA DE BEAUREGARD

tiques. Son père, le marquis Alexis, comme nombre d'hommes de qualité de l'époque, était instruit ; il aimait la poésie et la musique et peignait agréablement sur émail ; sa mère, Mlle de Murinais, nature élevée et aimable, était aussi très cultivée. L'un et l'autre n'avaient rien de plus à cœur que l'éducation de leurs enfants, éducation intelligemment comprise, où l'exemple tenait la première place et contre-balançait ce qu'avaient de trop pédagogique parfois les leçons du précepteur, l'abbé Baret.

Le marquis se connaissait en peinture : son père et son grand-père avaient rapporté de leurs voyages en Hollande et en Italie des toiles de maîtres. « Chacune d'elles avait sa légende, et les merveilleuses histoires que l'on contait sans cesse aux enfants sur la jeunesse des grands peintres avaient fait

Le Chevreuil

éclore la vocation d'Henry dans les singulières circonstances que voici :
« Sortant un jour de son cabinet, où l'assourdissaient les cris joyeux que dominait encore le fausset de l'abbé, le marquis Alexis trouva son fils qui achevait de barbouiller un panneau de la salle à manger. L'enfant avait juste cinq ans ; il tenait à la main une queue de poire et s'en servait comme de pinceau pour mélanger et étendre tour à tour de la brique pilée et du charbon, les seules couleurs qu'il eût pu se procurer. Henry copiait un Caravage. Si

étrange que fût cet essai, le dessin et la couleur étaient incroyables pour un enfant et l'ensemble tellement extraordinaire que le marquis, moitié riant, moitié pleurant d'émotion, enleva son fils dans ses bras et le dévora de caresses. Le petit se laissait faire et passait de mains en mains.

« Beau métier de gentilhomme que ce métier de barbouilleur », s'écria le chevalier de Saint-Remy, un vieil ami de la maison. Mais l'observation ne

Le chevalier de Murinais

porta pas, et, depuis cette époque, le goût d'Henry pour la peinture ne fit que s'accentuer[1]. »

Costa n'était pas, du reste, le seul exemple de précocité au point de vue des dispositions naturelles pour la peinture. Presque à la même époque, l'Angleterre s'émerveillait de deux petits prodiges : Tomy Lawrence, qui dès le même âge dessinait les habitués de l'Ours-Noir, l'auberge paternelle, qui pleurait de joie à neuf ans devant un tableau de Rubens et qui, à dix ans, vendait des portraits, et Georges Morland, dont les dessins étaient exposés par la Société

[1] A. Costa de Beauregard. *Un homme d'autrefois.*

des artistes quand il avait à peine six ans, et dont, trois ans après, les ébauches originales étaient payées cinq guinées la pièce.

A dix ans, Henry avait déjà un élève, c'était le notaire Girod, qui administrait les domaines du marquis mieux qu'il ne l'aurait fait pour les siens, considéré par la famille comme un véritable ami. Pendant une courte absence, Henry, dans une lettre à sa sœur, après lui avoir parlé des croquis de chiens, de chevaux et de paysans dont il meublait son portefeuille, la charge de dire qu'il sera très sévère pour le feuillé de M. Girod, son élève. « Dis-lui, ajoute-t-il, que le Dominicain a été bœuf avant d'être ange et qu'il ne se décourage pas. » Et dans les soirées d'hiver, pendant que le marquis Alexis crayonnait à son plus jeune fils la fable du lendemain pour la lui faire mieux comprendre, Henry corrigeait sérieusement les déplorables dessins de M. Girod.

Au printemps de 1766, après de nombreux essais qui ne nous sont malheureusement pas parvenus, Henry achevait deux petits tableaux à l'huile qui vont jouer un rôle dans un des incidents de sa vie de jeune homme.

L'un nous montre un angle de l'atelier du Villard, haute pièce lambrissée de boiseries sculptées et dorées, avec une riche corniche dans le goût du xviie siècle ; pour principal ornement, une pendule de Boulle sur son support. Le tout très largement et très sobrement traité dans la demi-teinte et faisant ressortir les personnages. Henry d'abord, qui s'est représenté en habit citron, un carton sur les genoux et dessinant d'après la bosse, tout en écoutant la lecture que fait, debout derrière lui, le marquis Alexis, et que semble suivre avec un vif intérêt son grand-père, le marquis de Murinais. En avant, mais dans l'ombre, un domestique en livrée broie les couleurs. Le groupe est simplement et harmonieusement disposé, les physionomies sont expressives et vivantes.

Dans le fond, sur un chevalet, un autre tableau à l'huile. C'est un groupe de famille dans le parc du Villard. La marquise, assise au centre, ayant derrière elle Télémaque Costa, chevalier de Minorité de Malte, mort colonel de grenadiers, tient la main de sa plus jeune fille Clémentine, dont les deux grandes sœurs, Henriette, qui devint marquise de Faverges, et Félicité, debout derrière leur mère, complètent ce groupe charmant, très naturel de pose et bien dans l'air. Un garde présente un chevreuil vivant conduit par deux paysans, le père et le fils, qui le tiennent avec une faveur garnie de roses naturelles, tandis qu'un chien aboie au premier plan.

Dans ces deux tableaux, Costa donna sa note bien personnelle comme composition et comme facture. Les scènes sont vivantes par la vérité de toutes les figures, des poses et des mouvements ; les colorations de l'intérieur de l'atelier sont aussi justes dans leurs demi-teintes que l'effet de plein air dans le coin du parc avec ses arbres, d'un dessin peut-être un peu conventionnel, mais au feuillage léger et largement peint.

Le moment était venu de faire sortir Henry du Villard avec l'arrière-pensée

La marquise Henry Costa de Beauregard

de lui donner des conseils et des maîtres, et on le laisse partir pour Paris avec le chevalier de Murinais, son oncle, un gendarme du roi, comme guide et chaperon : chaperon qui prêtait un peu à caution, si l'on en juge par le portrait très enlevé du chevalier par Henry, qui a su rendre la physionomie distinguée et spirituelle de son modèle — donnant l'impression d'un petit maître plutôt que d'un sage mentor. Henry emportait les deux toiles dont nous venons de parler.

Première étape à Moulins, où le régiment du chevalier tenait garnison. « Mes tableaux, mon oncle et moi avons fait bon voyage », écrit-il dans sa première lettre datée de Moulins, et sans s'arrêter à la description des brillantes assemblées où le chevalier le conduit, il montre déjà que l'art le prend tout entier ; il fait un croquis du monument du duc de Montmorency, se promettant d'en dessiner ensuite avec soin les figures. Il en fait la critique rai-

Don Quichotte et Sancho Pança

sonnée, vantant *la Charité*, dans la tête de laquelle il retrouve les traits et les caractères de la Vénus de Médicis, s'extasiant devant les draperies sous lesquelles « le nu se sent parfaitement », dit-il, louant les proportions de l'Hercule, etc. Ce jour-là même, son oncle mit son talent à contribution en lui faisant faire des plateaux de sable coloré pour un grand souper qu'il offrait à ses amis.

Dès son arrivée à Paris, lorsque le chevalier, allant à ses affaires et à ses plaisirs, le laisse se morfondre dans sa chambre d'hôtel, il en sort sous la conduite d'un laquais pour aller voir le monument le plus proche, la fontaine de la rue de Grenelle, où il admire les quatre génies dus au ciseau de Bouchardon. Puis, le *Voyage pittoresque de Paris* à la main, il visite les églises. L'architecture

GULLIVER

de Notre-Dame, écrit-il, est fort estimée, quoique d'un gothique *perfide* (?). Il admire Saint-Roch parce que M. Falconet, qui en a dirigé la décoration, « n'a voulu imiter personne et a donné un libre essor à son génie, qui se révèle dans tous les détails de l'ouvrage ». Notre jeune critique d'art avait, lui aussi, la prétention de n'imiter personne. Un jour où il commence à craindre d'avoir fait un voyage inutile, il a la bonne fortune de rencontrer le précepteur de M. de Gastine, un des rares jeunes gens dont il eût fait la connaissance, qui, ayant jugé ses essais dignes d'attention, le conduit chez Greuze. Laissons la parole à Henry dans cette lettre à son père, au sortir de l'atelier :

« Enfin, mon cher papa, mes affaires prennent un meilleur tour ; quel

Costa de Beauregard. — Ésope et les animaux (dessin).

homme, quel charmant homme que Greuze! Le gouverneur de M. de Gastine m'y a conduit ce matin, il nous a reçus avec toute la politesse imaginable, il parle comme un ange. Il nous a fait voir quelques esquisses qui sont sur son chevalet; le but de la peinture, dit-il, comme je le regarde, est d'être utile à la société. Il veut montrer le crime puni et la vertu récompensée. Il n'en est pas un qui ne soit un sermon... »

Puis il fait la description des tableaux, admire le groupement des figures et leur expression et trouve l'ensemble de son œuvre supérieur à celle de Boucher, qu'il qualifie de « peintre à la mode et dont les sujets déshonorent la peinture et font perdre les mœurs », ce qui devait être pour plaire au bon abbé Baret. Il admire enfin les têtes, leur coloris, leur modelé inimitables, mais il critique les draperies, qu'il trouve lourdes et d'un coloris parfois douteux.

La seconde fois qu'il va chez Greuze, il porte ses tableaux. « M. Greuze, écrit-il, est rentré quelques moments après mon arrivée ; je ne sais si c'est par politesse, mais rien ne peut égaler son étonnement en voyant ma peinture : les bras m'en tombent, m'a-t-il dit, et je ne croirais jamais, si ce n'est vous qui me le disiez, que ces tableaux sont de vous. »

Cet étonnement de Greuze justifie bien, il nous semble, le cas que l'on doit faire de ces œuvres. Greuze connaissait par expérience cet étonnement. Les professeurs de l'Académie n'avaient-ils pas douté aussi que le tableau qu'il leur présentait ne pouvait être de lui et ne l'avaient-ils pas obligé à travailler devant eux ?

Henry continue : « Je le priai de critiquer mes tableaux après les avoir considérés longtemps. « Je n'ai rien à vous dire, m'a-t-il répondu, sinon qu'il « faut bien vous garder de vous écarter de la voie dans laquelle vous êtes, « c'est sans contredit la meilleure et c'est par là que vous parviendrez aux « plus grandes choses ». Papa, tu sais bien qui m'a mis sur cette voie ; c'est à toi que s'adresse cet encens; pour moi je n'en arrête qu'une bien petite partie en chemin. »

Voilà notre jeune artiste lancé, et les amateurs de peinture sont unanimes, sauf Diderot, à vanter son talent.

« M. Greuze, écrit Henry, m'avait prié de laisser mes tableaux ; le surlendemain, je les ai trouvés sur un chevalet, entourés de M. Diderot et d'un autre connaisseur.....

« Après une charmante leçon du maître, M. Diderot a parlé de mes tableaux avec beaucoup d'esprit, mais peu de jugement, comme les gens de son espèce ; l'autre homme a pris un air capable et n'a rien dit. »

Comme il y va, notre petit homme. Il regimbe devant l'opinion du grand critique d'art de l'époque, et il caractérise assez bien du reste en deux mots les appréciations de Diderot en matière de peinture, où le parti-pris perce

ROBINSON CRUSOÉ

trop souvent et qui sont parfois, pour les artistes qu'il n'aimait pas, moins solides et sérieuses que spirituelles.

Il montre également un peu de mauvaise humeur contre Boucher.

« Mon oncle, écrit-il, étant sorti en chenille, m'a laissé son carrosse, qui nous a conduits chez le divin Boucher ; c'est un vieux bonhomme plus crevé, plus usé qu'on ne saurait le dire. » L'opinion de notre jeune artiste pour le maître concorde avec celle que Diderot formulait à peu près à la même époque en traitant Boucher de léger, caduc et paresseux. « Il était occupé à *bousiller* un mauvais petit tableau qu'il a déjà fait cent fois : il a vu mes tableaux, dont il a été dans le plus grand étonnement. Il a trouvé toutefois qu'il y manquait cet art, cette habitude qui caractérisait les maîtres. J'en suis convenu aisément avec lui. Boucher m'a conseillé de copier quelques bons tableaux flamands, ce serait assurément très bien si je le pouvais. »

H. Costa continua à visiter les cabinets des plus fameux collectionneurs

L'ATELIER DU VILLARD

et les ateliers des peintres en renom. Il porte ses tableaux chez Vien, qui en est surpris et demande à les garder pour les montrer à des connaisseurs. « Pour Van Loo », Henry le trouve « médiocre peintre de portraits. Il traite cependant bien les draperies, mais à force de mannequin, pas ombre de perspective et de goût. Van Loo m'a parlé de mes tableaux on ne peut plus sottement, voilà peut-être la raison de mon impertinence. »

Cependant, ce n'était pas tout que les suffrages des peintres, il manquait à son talent une consécration nécessaire en ce temps : l'approbation de M^me Geoffrin et des habitués de son salon. La lettre suivante nous dit qu'elle ne lui fit pas défaut.

« M^me Geoffrin est une bonne grosse femme qui m'a beaucoup appelé petit drôle, petit bonhomme, petit garçon, puis a fini par m'inviter à un dîner d'artistes, d'amateurs et de beaux esprits. A l'heure dite, le lendemain, je me suis présenté avec mes tableaux. M^me Geoffrin m'avait prévenu qu'elle ne me recevrait pas sans cela.

Angélique et l'Ermite.

« La dame se trouvait en compagnie de Vernet et d'un M. Mariette, possesseur d'une riche collection d'estampes.

. . . . . . . . . . . . . . . . . . . . . . . . . . . . . . . . . . . . . . . . . . . . . . . .

« Il y avait à dîner M. de Marigny, le duc de La Rochefoucauld, Marmontel, Cochin, le célèbre graveur, et plusieurs autres personnes dont je n'ai pas su le nom. Chacun y avait apporté quelque chose : Vernet, un tableau nouvellement arrivé d'Italie et que l'on croit de Corrège ; M. de La Rochefoucauld, un petit tableau peint en camaïeu sur marbre et incrusté par un procédé que personne ne connaît ; M. Mariette, un portefeuille plein de ses plus belles estampes ; M. Cochin, des dessins à la plume, et moi mes tableaux. J'ai été fort surpris que tout le monde me connût. Mme Geoffrin disait en me présentant : « M. le comte de Costa, dont vous avez sans doute entendu parler ».

« — Quoi, c'est lui ? — Oui vraiment, oui beaucoup. »

« Je n'ai point été trop embarrassé, et la maîtresse du logis ne m'a point si fort traité de petit bonhomme. »

Peu après, et sans avoir dessiné à l'Académie comme Greuze l'y avait autorisé, sans avoir reçu les leçons de ces maîtres sur lesquels il comptait au départ, Costa revenait au Villard. Il dut continuer à peindre livré à sa seule inspiration. Nous avons de lui trois tableaux de cette époque : *Le retour de chasse*. Dans un paysage de Savoie, des groupes de chasseurs à cheval précèdent et suivent un char rustique sur lequel est ramené le cerf ; la meute suit ; détail assez curieux : deux coureurs en riche livrée, avec la toque à plumes, accompagnent la voiture. Dans le fond, des serviteurs et le mulet chargé des provisions. Avec un ciel d'une charmante tonalité, la composition est bien équilibrée et vivante, les chevaux rappellent ceux de Carle Vernet. Costa a dû se souvenir aussi, en faisant ce tableau, de celui de Wouvermans, qu'il avait admiré dans la collection de M. de Julienne et qu'il décrit dans une de ses lettres.

Mais là où Costa se montra observateur plein de finesse et excellant dans la reproduction de ce qu'il voyait, c'est dans le tableau de l'*Intérieur du Villard*. Il ne s'est pas borné à faire des ressemblances, mais bien une scène de famille, composition intéressante par son action, où chaque figure est bien à sa place et avec sa physionomie propre. Henry, debout, sa palette à la main, présente aux siens le portrait de sa sœur Félicité. Celle-ci, debout également, semble surprise et cherche à retrouver sa propre image ; l'expression aimable du sourire du marquis Alexis, placé devant elle et toujours un livre à la main, montre que dans sa pensée Henry devra réussir dans ce « métier de barbouilleur ». Le frais visage d'une autre sœur, Clémentine, respire l'étonnement ; sa capote de bouillonnés roses est traitée d'une façon spirituelle, ainsi que la fanchon à ruban multicolore de la marquise ; le casaquin de piqué blanc de celle-ci est rendu avec une conscience et une souplesse dignes d'un maître hollandais, comme aussi le tapis de la table, en brocatelle verte et rouge aux tons éteints. La marquise, le menton posé dans ses mains, regarde attentivement le portrait. De profil, une loupe à la main, le marquis de Murinais, avec, sur la joue, le rond de taffetas qui cache la cicatrice d'une balle. Enfin, vu de dos et tenant un bilboquet, Télémaque Costa.

Les étonnements de Greuze et de ses amis auraient été autrement vifs devant cette toile où Costa se montre un peintre réaliste par excellence — trop réaliste certainement pour Boucher ou pour Van Loo, — mais ce n'est pas un mince mérite à une époque où l'idéal de la peinture s'éloignait assez de la réalité, cachant le plus possible les imperfections de la nature humaine, la

Roger, fuyant le palais d'Alcine, combat le Farfadet

représentant sous un jour de convention où tous les hommes devaient avoir grand air, toutes les femmes être élégantes et distinguées, même lorsqu'elles ne se faisaient plus peindre en Dianes chasseresses ou en Vestales. Quelques peintres seulement, comme les humoristiques Troost et Hogarth ou, dans un genre plus classique, Chardin, Leprince et Vernet, cherchaient leurs sujets dans les scènes de la vie ordinaire. L'arrangement de l'*Intérieur du Villard* est naturel et facile, l'exécution scrupuleuse et solide, les têtes pleines de vie ; les mains seules trahissent l'insuffisance d'études premières de notre jeune artiste. Rien de plus charmant que l'air demi-modeste avec lequel l'auteur montre son œuvre.

Costa était donc en grand progrès lorsqu'en 1770 il fit un voyage en Italie avec son père, au cours duquel tous les deux furent reçus membres de l'Académie des Arcades. Malheureusement, la vue des chefs-d'œuvre des maîtres, au lieu de l'exalter, le découragea, et à la dernière page de son album de voyage, il écrivit son testament artistique : « Je mets ici le signet ; j'ai de

La Tentation de Saint Antoine

l'humeur contre le Titien, je suis enragé contre Raphaël ; ils sont trop au-dessus des hommes pour qu'après eux personne ose tenir un pinceau. Je sens en moi des choses que je ne pourrais traduire. Un sot persévérerait ; moi, je m'arrête et ne poursuivrai pas plus longtemps un but que je désespère d'atteindre. »

Une seule fois, Costa reprit ses pinceaux, dix ans plus tard, pour faire le portrait de sa femme. Il avait épousé sa cousine germaine, Geneviève de Murinais, aussi spirituelle que laide. Il l'a représentée jouant de la harpe ; au premier plan à droite, le petit Eugène Costa, qui fut tué à l'ennemi à seize ans [1].

La Révolution enleva Henry à sa retraite ; comme tous les gentilshommes savoyards, il reprit du service, abandonnant pour cela une charge de cour, et montra en toute occasion sa grande intelligence, son courage et la fermeté

Le Saint Apothicaire

de son caractère. En 1794, il est quartier-maître général du corps d'armée du général Colli, et après Montenotte, lorsque l'armée française est entrée dans Mondovi, en 1796, c'est lui qui signe par ordre du roi une suspension d'armes avec le général Bonaparte. Il avait défendu les intérêts qui lui étaient

---

[1] Quatre des tableaux d'Henry Costa, qui appartiennent au marquis Costa de Beauregard, ont figuré, en 1898, à l'exposition rétrospective organisée par la Société artistique des amateurs à la salle Georges Petit. Leur succès fut si considérable que M. Roujon, exprima le souhait de voir un jour au Louvre L'intérieur du Villard.

Costa de Beauregard. — Le retour de chasse

confiés, avec tant d'énergie et de dignité, que dans ses *Mémoires* Napoléon dit de Costa « qu'il s'exprimait avec facilité, qu'il avait de l'esprit et se montra sous des rapports avantageux ».

Puis vinrent les misères de l'exil. Ses biens étant séquestrés, n'ayant plus son grade dans l'armée et par suite plus de traitement, c'est en donnant des leçons de dessin à Lausanne qu'il put, pendant quelque temps, gagner de quoi ne pas

LA TENTATION DE SAINT ANTOINE.

mourir de faim. Mais les privations et les soucis de la vie matérielle n'étaient rien à côté de la plaie toujours saignante faite à son cœur par la mort de son fils Eugène, tombé sous ses yeux, frappé d'une balle au combat de la Sacarella.

Il sortit une seconde fois de sa retraite, rappelé par Charles-Emmanuel, qui le nomma quartier-maître général de l'armée. Mais la lutte de ces sept années allait finir à Marengo.

Quand la paix de Paris eut consacré l'annexion de la Savoie et du Piémont à la France, l'armée piémontaise fut licenciée et le marquis Henry, ruiné par la Révolution — le Villard avait été pillé et Beauregard, sur les bords du lac de Genève, brûlé — fut obligé d'accepter l'hospitalité de son beau-frère le marquis de Murinais, au château de Marlieux, dans l'Isère. On ne saurait imaginer une hospitalité plus large que celle que trouvèrent à Marlieux les nombreux parents qui revenaient d'émigration. Chacun s'y occupait de son mieux. Chacun avait dans l'immense pièce qui servait de salon une fenêtre où était installée sa table de travail. C'est là que, pour se délasser de son grand ouvrage sur l'*Histoire de la Maison de Savoie*, Costa composait de nombreux dessins à la plume inspirés par ses lectures ou par la conversation du moment. C'est Don Quichotte, Robinson Crusoé, Gulliver, Renaud et Armide, les fables de La Fontaine qui lui fournissent les sujets. Quel illustrateur plein de mouvement et d'humour il eût fait! Quel malheur qu'il n'ait pas gravé lui-même quelques-uns de ses dessins, comme les *Tentations de saint Antoine*, dans le goût d'un Callot du xviii$^e$ siècle, et cet *Ésope contemplant les richesses de la nature* qui rappelle les meilleures gravures d'après Oudry[1].

On trouvera peut-être que le bagage de notre peintre est mince, mais comme un véritable talent et un talent absolument personnel s'y fait jour, il nous a paru intéressant de le mettre en lumière. Si, en effet, l'on ne doit pas plus distinguer d'amateurs en peinture qu'en littérature, si les œuvres doivent être jugées d'après leur mérite intrinsèque et non d'après la qualité des personnes, ces toiles du marquis Henry Costa de Beauregard nous montrent que cet amateur par excellence avait les qualités et l'étoffe d'un vrai peintre.

[1] Les originaux des dessins que nous reproduisons appartiennent à M. le comte Costa de Beauregard, qui a bien voulu les mettre à notre disposition, et sont au château de Beauregard.

# LE GÉNÉRAL LEJEUNE

Astorga, 12 janvier 1809. — J'ai été chez le prince (maréchal Berthier, prince de Neufchâtel) à midi. En sortant pour aller voir mon frère, M. S... (Stoffel) vient avec son frère me demander raison de l'affaire de Medina del Campo, et avant de rentrer, je me bats avec lui dans une chambre. Tous deux légèrement blessés[1]. Nous passons la journée avec Flahaut, je reprends mes pinceaux et nous faisons de la musique...

A deux heures du matin, j'écris la lettre au roi, au sujet du maréchal Lefebvre, je la porte à M. Marbot, avec ordre de partir de suite pour Madrid. J'écris une lettre pour Gracieuse...

« Je pars à midi pour Benavente avec tous mes camarades et nous faisons la route très gaiement. L'Empereur arrive à Benavente à six heures. »

---

[1] On trouvera cette affaire contée en détail dans les *Mémoires* du général Lejeune publiés par M. Germain Bapst.

Tout Lejeune tient dans cette page inédite d'un de ses carnets de notes : tout le soldat avec sa ponctualité professionnelle, son ardeur irrésistible et la simplicité de sa bravoure ; tout l'artiste aussi, l'artiste dont la suprême joie était, entre deux batailles, de peindre le combat de la veille ou les sites pittoresques du pays conquis.

Car le crayon qu'il portait toujours en sa sabretache ne lui servait pas seu-

BATAILLE DE MARENGO

lement à lever par ordre des plans de retranchements à la barbe de l'ennemi, ou à dessiner pour l'Empereur des projets d'uniformes nouveaux[1] ; il aimait à s'en servir pour lui seul, et on sent, à chaque chapitre de ses *Mémoires*, quelle était sa nature d'artiste. Bien plus, à lire certaines de ses pages enflammées, on a l'impression d'autant de tableaux et on peut difficilement trouver, dans ce genre, en même temps qu'une sobriété des plus appréciables, un arrangement aussi bien composé des détails et une description aussi claire de l'action principale.

[1] Les cosaques-lanciers (*Mémoires*, I, 641) ; les aides de camp de l'état-major général (*Id.*, I, 116), les garde-aigles et l'ordre de la Toison d'Or (*Id.*, II, 31).

C'est qu'il sut toujours appliquer la sûreté de vue et de vouloir qui faisait le fond de son caractère, autant peut-être à ses talents d'artiste et d'écrivain qu'à ses fonctions d'aide de camp du major général ; c'est à cela que nous devons des œuvres intéressantes, dont il ne faudrait certes pas s'exagérer l'importance, mais qui n'en offrent pas moins, avec un réel talent, un mélange pittoresque de précision absolue et de fantaisie spirituelle.

Lejeune avait gardé de ses débuts un souvenir charmant, et le premier

Bataille de la Moskowa (Musée de Versailles).

chapitre de ses *Mémoires* s'ouvre sur un mot typique. A peine a-t-il pris le temps de dire qu'il était né à Strasbourg (en 1775) et que ses parents, originaires de Versailles, étaient venus se fixer en cette dernière ville peu de temps avant la Révolution, qu'il ajoute : « J'avais déjà du goût pour le dessin ».

Et de raconter ensuite comment, un jour qu'il dessinait une vue du parc, une dame vêtue de blanc vint le regarder travailler. Le lendemain, la même dame, gracieuse et simple, l'interrogea et lui dit connaître sa famille. Le jeune artiste lui répondit en allemand — car, à son accent, il l'avait jugée Autrichienne — qu'il était honteux d'ignorer à qui il avait l'honneur de parler. « Cette gaieté sembla lui plaire, » ajoute-t-il, « et elle me dit : « Venez avec moi, mon petit ami, et nous ferons connaissance ; vous verrez des sites plus jolis que celui que vous dessinez ». Je l'accompagnai, et je vis s'ouvrir devant nous les deux battants des portes de Trianon. Les gens à la livrée du roi saluèrent avec respect et j'entendis prononcer les mots : « Votre Majesté ». Aussi étonné que le paysan qui portait Henri IV en croupe, je me

Entrevue des deux Empereurs sur le Niémen

dis : « Cette dame est donc la reine, puisque le hayduc qui la suit et moi ne sommes pas le roi ». C'était, en effet, la reine Marie-Antoinette, archiduchesse d'Autriche. Elle venait d'être si gracieuse que je n'éprouvai aucun embarras et je continuai à causer familièrement avec elle... »

Peu de temps après, c'était d'une bouche plus rude que le jeune écolier de dix-sept ans, enrôlé avec les étudiants de son âge dans la *Compagnie des Arts de Paris*, allait recevoir des encouragements. Au moment de partir pour la frontière, la compagnie défila devant la Convention nationale, alors présidée par Hérault de Séchelles, qui adressa à tous ces « héros en herbe », au nombre desquels on comptait Alexandre Duval, Jean-Baptiste Say, Friant, etc., une allocution enthousiaste. « Il était l'ami de mon père », raconte Lejeune. « il me chercha dans le premier rang où ma taille m'avait placé et s'adressant à moi : « Et toi, mon jeune ami, tes armes seront, comme celles de tes compagnons, le rempart de la patrie, et bientôt tes pinceaux et leurs écrits nous retraceront vos victoires. »

Cette péroraison n'était peut-être pas un chef-d'œuvre de rhétorique élégante, mais elle contenait une prédiction qui n'allait pas tarder à se réaliser. Lejeune, successivement sergent au premier bataillon de l'Arsenal, aide

BATAILLE DE SOMO-SIERRA

de camp du général Jacob et lieutenant-adjoint du génie, fut, au retour des campagnes de Hollande (1794-1795), appelé au dépôt de la guerre à Paris.

Il a raconté comment, à la suite d'examens sévères, il obtint le grade de capitaine du génie et fut attaché au général Alexandre Berthier, alors ministre de la guerre, avec lequel il fit la campagne d'Italie. C'est au retour que Lejeune écrit pour la première fois cette courte et expressive phrase, si souvent répétée depuis : « Je m'occupais de peinture... » Il s'agit ici sans doute de la mise en œuvre des documents rapportés d'Italie, d'où devait sortir sa *Bataille de Marengo*.

Il ne nous appartient pas de suivre pas à pas la carrière du soldat : nul mieux que lui, d'ailleurs, n'était capable de le retracer comme il le fit dans ses *Mémoires*. C'est là justement ce qui fait l'originalité de Lejeune. Non seulement il peut écrire, comme après Tilsitt : « Je repris mes pinceaux avec bonheur, et je fis graver plusieurs de mes dessins », mais il ne perd jamais l'occasion, au cours de ses campagnes, de visiter les artistes célèbres, et de voir les

Réception aux cantonnements de l'armée anglaise

musées. « C'est ainsi, écrit-il au moment de son séjour à Vienne après Essling, que je pus donner quelques instants au plaisir de la peinture chez le vieux Casanova, peintre de batailles, longtemps célèbre à Paris et retiré à Vienne où il illustrait les guerres des Autrichiens chez les Turcs ; chez l'habile graveur Mansfeld qui me prêta ses burins ; chez les princesses de Staremberg, Czartoriska, Trautmansdorff, Batthiany, etc., qui avaient des albums pour lesquels on mettait à contribution tout ce que notre état-major avait de poètes et de dessinateurs... » A Madrid : « Après la revue, nous allâmes visiter le palais du roi, ses tableaux admirables de Raphaël, de Murillo, de Velasquez... »

Et ce qu'il y a de piquant, répétons-le, c'est de voir ces pages tranquilles immédiatement précédées et suivies de récits de batailles. Un des exemples les plus curieux est celui-ci : au cours de sa mission en Tyrol, il eut à réprimer plusieurs séditions ; il raconte une de ces répressions particulièrement sanglante, et ajoute ces lignes dont le contraste double le charme :

BATAILLE DE CHICLANA (Musée de Versailles).

« Le lendemain, j'allai m'asseoir sur les hauteurs, dans les ruines d'un antique château-fort de quelque riche seigneur suzerain de ces montagnes. Un tilleul de trente-cinq pieds de circonférence enfonçait ses racines colossales dans les fentes du rocher, à l'entrée de ces ruines, où il semblait être le vénérable survivant de ceux qui les avaient habitées six siècles auparavant. Assis à l'ombre de ce vétéran de la vallée, je pris une vue de ce pays admirable. En redescendant en ville, j'appris que les révoltés, comptant sur la parfaite connaissance qu'ils avaient du pays, se disposaient à venir nous surprendre pendant la nuit pour nous égorger. »

Ce contraste, il s'en rendait compte et le recherchait sans le provoquer. Avant d'être pris par les Espagnols, il visita l'Alhambra de Grenade où son ami et camarade de la *Compagnie des Arts*, le général Franceschi, avait été enfermé. Ce dernier était mort avant de regagner la France où il laissait une jeune veuve inconsolable. Vingt tableaux qu'il avait crayonnés sur les murailles retraçaient les différentes phases de sa captivité. Lejeune les copia fidèlement,

L'ATTAQUE DU CONVOI (Musée de Versailles).

ainsi que les élégies qui les accompagnaient, et fit parvenir ces précieux souvenirs à la veuve du général qui mourut après les avoir contemplés.

Enfin il faut l'entendre raconter, au cours de sa captivité à Palmela, avec une joie non dissimulée, comment le commissaire anglais Robert Boyer lui fit passer une collection complète de couleurs étiquetées avec soin et de tout ce qu'il pouvait désirer pour écrire et pour peindre. « Ce cadeau me fut très précieux, ajoute-t-il, et je m'empressai de lui exprimer toute ma reconnaissance en représentant pour lui le moment où j'avais été fait prisonnier, avec la physionomie des brigands tels qu'ils étaient encore bien présents à ma mémoire. Je retrouvai dans cette occupation un peu de tranquillité d'esprit ; car l'art de la peinture est si attrayant que j'ai su apprécier dans ma triste captivité son immense ressource. » C'est d'ailleurs la dernière fois que Lejeune nous entretient de son art avant la fin de son livre ; désormais les campagnes de Russie et de 1813 ne lui laisseront guère les loisirs de peindre [1].

La caractéristique des tableaux militaires de Lejeune, c'est la précision

Le premier passage du Rhin
partie gauche du tableau (Musée de Versailles).

du détail. Tout en galopant, au cours d'une action, pour porter des ordres, il se pénètre admirablement du cadre. La bataille terminée, il en établit un croquis sommaire, où viendront prendre place, par la suite, quantité de petits épisodes, cueillis çà et là, tous « d'après nature ». Le souci de la vérité lui fait rechercher les portraits et il sait toujours introduire dans sa toile un bon nombre des acteurs principaux du drame qu'il retrace.

Voici comment le critique du Muséum central des Arts, en l'an X, parlait du tableau de la *Bataille de Marengo :*

[1] Le général Lejeune ne fut pas le seul officier des armées impériales faisant de la peinture : le général baron de Bacler d'Albe, le colonel Faber du Faure, le comte Alexandre de Laborde, le colonel Langlois, ont laissé des œuvres d'un grand intérêt et témoignant d'un réel talent.

« Tous ces épisodes ont de l'intérêt, une intention philosophique, un but moral ; tous présentent des traits caractéristiques du soldat français et de l'ennemi qu'il avait à combattre. L'œuvre du citoyen Lejeune, élève de Valenciennes, capitaine au corps du génie, lequel s'est trouvé à cette immortelle journée en sa qualité d'aide de camp du général en chef Berthier, réunit tous les suffrages. Les artistes ont reconnu dans son auteur un talent distingué. Les militaires, glorieux témoins de la scène retracée sous leurs

Le Pont de Lodi (Musée de Versailles).

yeux, en ont avoué la parfaite exactitude, ont reconnu les principaux personnages qui l'animent et ont attesté la fidélité scrupuleuse du peintre historien. De leur côté, les amateurs éclairés payent au citoyen Lejeune un tribut d'éloges non moins mérités. Ils l'applaudissent, ils le félicitent d'avoir assez estimé son art pour ne pas lui sacrifier la vérité ; d'avoir arrêté son plan, distribué ses personnages, moins comme il eût été à désirer qu'ils le fussent pour l'effet général de la composition que comme ils étaient en réalité, et surtout d'avoir conservé assez de sang-froid et de présence d'esprit dans l'action pour s'assurer de la fidélité de ses souvenirs. »

Et en effet, comment le public d'alors n'aurait-il pas été ravi, lorsque, au milieu d'une action claire et vivante, il pouvait reconnaître les figures des grands acteurs du drame? — Sur le devant, le Premier Consul, précédé du colonel Duroc, et suivi des généraux et officiers Lannes, Murat, Lauriston, Eugène de Beauharnais, Lefebvre-Desnouettes, Lemarrois, etc. Au centre, le général Alexandre Berthier, son frère César, ses aides de camp Du Taillis et Laborde renversés sous leurs chevaux tués, Bruyère, Arrighi et Lejeune

Bataille du Mont-Thabor

lui-même, monté sur un cheval gris; il ramène des officiers qu'il vient de faire prisonniers; au fond à gauche, Desaix tombe mort dans les bras du fils du consul Lebrun. Au centre de la colonne hongroise, le général Loch est fait prisonnier. Au second plan, la cavalerie de Kellermann chargeant les Autrichiens de concert avec la garde consulaire et le 12ᵉ hussards commandé par le chef de brigade Fournier [1].

L'empereur donna l'ordre de graver ce tableau, ce fut Coiny qui en fut chargé [2].

Plus tard le général Fournier-Sarlovèze.
[2] On souscrivait chez le citoyen Oudinot, notaire, rue de l'Université ; les épreuves avant la lettre étaient de 30 francs.

Dans la *Bataille de la Moskowa*, la scène représente le second assaut livré par Caulaincourt et ses cuirassiers. L'infanterie du général Gérard gravit la colline sous la direction du général Grand, près duquel on voit Lejeune monté sur un cheval gris. Au centre, Murat indique le point d'attaque au général Belliard. Plus en avant, c'est Berthier rendant son épée au général russe

BATAILLE D'ABOUKIR

Sokoreff prisonnier ; près d'un arbre, le général Pajol blessé. A gauche, Eugène de Beauharnais se réfugie dans un carré d'infanterie. Sur le devant, Larrey panse les blessures du général Morand dont le frère meurt à ses côtés. Lariboisière se tient près de son fils mortellement blessé, auquel l'Empereur fait porter par son frère la croix de la Légion d'honneur. On rapporte le général Montbrun qui vient d'être tué.

Ce ne sont pas des descriptions que nous venons de faire : ce sont des énumérations seulement, qui prouvent quel souci de la vérité Lejeune apportait dans la mise au point de ses tableaux. Le « d'après nature » est pour lui une condition nécessaire et il nous l'avoue plusieurs fois implicitement.

Bataille des Pyramides

Ainsi, pour l'*Entrevue des deux Empereurs sur le Niémen*, où furent jetées

Le bivouac d'Austerlitz
partie centrale du tableau (Musée de Versailles).

les bases du traité de Tilsitt : « J'étais monté, dit-il, dans un petit bateau que j'avais placé de manière à voir sous leur plus bel aspect les rives du fleuve couronnées de monde et l'ensemble de cette scène mémorable. J'en fis un dessin qui fut gravé depuis. »

Et plus tard, à propos de la bataille de Somo-Sierra, il parle de ce site admirable qui devait lui fournir le sujet d'une grande composition : « J'y plaçai, ajoute-t-il, tous les épisodes qui m'avaient frappé pendant le cours de cette glorieuse matinée où la Providence me sauva. »

Le site en effet est pittoresque : de distance en distance, des piliers de pierre aux armes d'Espagne marquent la route occupée par nos troupes qui

Un orage dans le jardin du musée de Toulouse.

se divisent à droite et à gauche pour attaquer l'ennemi retranché sur la hauteur, encore en partie enveloppée des brouillards que les détonations de l'artillerie vont dissiper ; au premier plan, l'Empereur, le maréchal Victor, MM. de Turenne et de Ségur blessés ; au fond, la charge héroïque des lanciers polonais lancés par Montbrun et commandés par les comtes Krosinski et Koscielulski.

Outre Somo-Sierra, Lejeune nous a donné plusieurs autres sujets pris dans la guerre d'Espagne : le *Siège de Saragosse*, dont il a fait dans ses *Mémoires* un récit si attachant, beau commentaire du 33$^e$ et dernier bulletin de l'armée d'Espagne, où il est fait mention de sa bravoure et des deux blessures qu'il y reçut ; une *Escarmouche avec les guérillas* dans laquelle notre héros, après avoir failli être fusillé et pendu, est fait prisonnier par le chef Don Juan

Paladéa, surnommé El Medico, qui avait été frappé par l'espèce de circonstance miraculeuse qui avait préservé ses jours ; puis sa *Réception aux cantonnements de l'armée anglaise*, où il avait été conduit par la horde sauvage, sans vêtements et monté sur un âne, et qu'il ne quittait que pour être mené sur

La mort de Marceau

un ponton ; la *Bataille de Chiclana* et enfin l'*Attaque du convoi* par le général Mina, près de Jalinas, dans la province de Biscaye.

Ce dernier tableau, qui est au musée de Versailles, a malheureusement poussé au noir ; mais il en existe une aquarelle pleine de fraîcheur qui rend parfaitement cette composition où, avec ses défauts ordinaires, Lejeune donne la mesure de son talent de metteur en scène. L'action se déroule dans un superbe paysage classique. Le convoi se composait de trois mille personnes, tant malades que blessés ou prisonniers, et d'un grand nombre de familles de distinction, françaises et espagnoles, qui venaient de la cour du roi Joseph et rentraient en France. Dans les trop nombreux épisodes qui se déroulent au premier plan, on remarque, à gauche, le général Mina débouchant du bois où il se tenait en embuscade; près de la voiture qui contient les dames de la cour, le comte de Beaumont faisant un rempart de son corps à la marquise de La Manca et à ses enfants; M. Deslandes, secrétaire du roi Joseph, tué en défendant sa femme; les prisonniers anglais refusant de se servir des armes que les Espagnols leur tendent.

Entrée de Charles X a Paris (Musée du Versailles).

Cette composition attira tellement la foule au Louvre que la police y avait placé, non seulement des gardiens du musée, mais des gendarmes.

Nous ne pouvons songer à décrire toute l'œuvre du peintre, mais le lecteur nous en voudrait de ne pas passer rapidement en revue ces pages d'histoire.

Dans le *Premier passage du Rhin* (23 septembre 1795), Lejeune a voulu reproduire la première victoire des Français en pays étranger. Là il nous montre les généraux de la République : Kléber, Lefebvre, Dejean, Dumas.

et par opposition une légion d'émigrés « les Bolpaches de Rohan », pris les armes à la main, que les soldats sauvent de la peine de mort en les revêtant de leurs propres uniformes. L'imagination hardie et féconde de Lejeune qui cherche des effets loin des sentiers battus se donne carrière dans sa *Bataille de Lodi* où Berthier, Masséna, Lannes entraînent la tête de colonne sur le pont balayé par le feu de l'ennemi.

Les frères Berthier.

La *Bataille du Mont-Thabor*, d'un ton général excellent, où l'on distingue les carrés formés par Kléber assaillis par une nuée de Turcs et d'Arabes, et où les troupes en mouvement sont indiquées avec une vérité et un ensemble qui vous font assister à l'action. Mêmes qualités dans la *Bataille d'Aboukir* et dans la *Bataille des Pyramides*.

Lejeune a fait quatre aquarelles représentant les quatre phases d'Austerlitz, mais son tableau du *Bivouac de l'Empereur, la veille de la bataille*, très largement traité, est le document le plus intéressant.

L'Empereur se réchauffe devant un feu. Il interroge des paysans par l'intermédiaire de Lejeune qui lui sert d'interprète. Derrière lui sont le maréchal Berthier et Bessières ; à leur côté, Roustan, le mameluck de l'Empereur, étend une fourrure sur un peu de paille ; derrière lui sont les voitures et la garde de service.

LA PÊCHE

Une partie de ces tableaux ne furent entrepris ou achevés par Lejeune qu'après la campagne de 1813, époque à laquelle il reprit ses pinceaux. « Je ne trouvais plus, dit-il, dans la carrière des armes la récompense du zèle et des sacrifices que m'imposait l'honneur de défendre la France... J'étais jeune encore, mon énergie n'était point usée et je me sentis heureux de pouvoir donner un libre essor à la passion que j'avais toujours eue de reproduire les choses qui excitaient mon enthousiasme... Rentré à Paris, la peinture devint ma seule occupation et le désir de me distinguer dans cette voie si délicate et si pleine d'intérêt devint l'unique objet de mon ambition. »

Déjà classé à Paris comme le peintre historien de nos campagnes, il recueillait les affectueux conseils des célébrités d'alors, principalement de David. « N'ayant pas comme tant d'autres, écrit-il, à faire de la peinture

LA CHASSE

pour pourvoir aux besoins de la journée, la crainte d'entrer dans trop de détails ne m'arrêtait jamais. Un jour, je m'en excusais, en regrettant d'avoir mis trop de temps à mon travail, et David pour me rassurer me répondit : « Ce qui est fait vite est bientôt vu et ne supporte pas un long examen ». Excellent précepte que Lejeune eut bientôt l'occasion de répéter aux jeunes artistes de l'école des Beaux-Arts de Toulouse.

Nous ne nous dissimulons pas le grave défaut de la méthode de Lejeune. Dans une bataille, il n'y a qu'une action commune faite de mille inci-

UN OFFICIER DE MARINE

dents particuliers ; or, si cela se raconte successivement, cela ne se peint pas d'un coup. Le narrateur peut glaner les épisodes ; le peintre doit choisir « l'instant à peindre », comme l'auteur dramatique « la scène à faire », et tâcher que le détail ne vienne pas encombrer la scène et distraire le spectateur du sujet principal. Par son constant désir de faire entrer dans un cadre la plus grande partie de ce qu'il avait vu pendant le combat, Lejeune amoindrit souvent l'effet en divisant la scène outre mesure.

Ne nous plaignons pourtant pas trop de ces détails qui nous sont infiniment précieux et dont nous trouvons les commentaires dans ses *Mémoires*. Mais Lejeune n'a pas été seulement un peintre de batailles, il est même à regretter que ses paysages, toujours animés de figures spirituellement saisies et bien vivantes, ne soient pas plus nombreux. Une *Foire aux chevaux dans un village du Midi*, où les types sont finement observés et rendus, et l'*Orage dans le jardin du musée de Toulouse*, d'un ton chaud et vigoureux, nous montrent que l'élève de Valenciennes faisait honneur à son maître.

LE FILS DU GÉNÉRAL LEJEUNE

Son *Entrée de Charles X à Paris*, du musée de Versailles, est intéressante comme document, mais l'a moins inspiré qu'une bataille.

Lejeune fit aussi le portrait. Il n'est pas banal, celui des frères Berthier, représentés à cheval sur le champ de bataille : Alexandre, général de division, donnant des ordres à ses deux frères Léopold et César, généraux de brigade, qui se détachent sur la fumée de l'artillerie dont

LE GÉNÉRAL LEJEUNE

BRUYÈRES,
COLONEL DU 4ᵉ RÉGIMENT DE HUSSARDS

les pièces se voient au second plan.

Il apporte dans *La pêche* et *La chasse* la note sentimentale et romantique qui sévissait alors : le sabreur a déposé son uniforme, c'est un mari très tendre qui se représente chassant et pêchant, avec sa jeune femme, née Clary, la nièce du roi Joseph. Il n'est plus question de Gracieuse!

S'il peint un officier de marine, c'est à son bord, dans une pose byronienne, et entouré d'accessoires. Quand il fait le portrait de son fils, à l'âge de six ans, sur un cheval à bascule, au moment de finir la tête, il se laisse emporter par sa fougue, le cheval hennit en foulant à ses pieds les pantins couchés sur le champ de bataille et l'enfant, un sabre à la main, est enveloppé dans les plis du drapeau dont la hampe est déchiquetée par les balles.

Comme aquarelliste, il n'est pas moins habile : ses études d'artilleurs et de dragons et le portrait du colonel Bruyères ont été admirés aux dernières expositions rétrospectives.

Ce serait une chose bien curieuse d'illustrer Lejeune écrivain par Lejeune peintre. Parmi les illustra-

BRIGADIER DE L'ARTILLERIE LÉGÈRE (CONSULAT)

JACQUINOT, 1ᵉʳ CANONNIER DE LA GARDE DES CONSULS

tions qui s'imposeraient, nous en retiendrons une en particulier : elle représente un cosaque qui tient une lance des deux mains comme pour repousser un assaillant, et dont le cheval piétine un soldat renversé à terre. Cette image, nous la placerions entre les pages 42 et 43 du tome premier où nous lisons ce qui suit : « Le roi de Bavière ne voulut pas me laisser partir de Munich sans me faire conduire chez les frères Sennefelder, qui venaient de découvrir les procédés de l'imprimerie lithographique.

« Leurs résultats me parurent incroyables ; ils désirèrent que j'en fisse un essai. Je m'arrêtai quelques heures de plus pour faire avec leurs crayons un croquis sur l'une de leurs pierres et je leur remis ce dessin. Au bout d'une heure, ces messieurs me renvoyèrent la pierre avec cent épreuves de mon croquis, ce

HERLEY
1ᵉʳ CANONNIER DE LA GARDE DES CONSULS

ROUX, BRIGADIER AU 5ᵉ RÉGIMENT DE DRAGONS

qui me surprit extrêmement. J'emportai à Paris cet essai ; je le montrai à l'Empereur ; il saisit à l'instant même tous les avantages que l'on pourrait tirer de cette précieuse découverte et il m'ordonna d'y donner suite. Je trouvai dans le principe peu de personnes disposées à me seconder, et d'autres soins m'appelèrent bientôt ailleurs. Ce ne fut qu'en 1812 que la lithographie fut établie en France et qu'elle commença

ROUX, BRIGADIER AU 5ᵉ RÉGIMENT DE DRAGONS

UN BRIGADIER DU 5ᵉ RÉGIMENT
DE DRAGONS

à recevoir des perfectionnements auxquels les premiers inventeurs étaient loin de s'attendre. J'ai eu l'honneur d'en avoir apporté le premier essai. L'épouse du ministre du trésor, M<sup>me</sup> la comtesse Mollien, qui a beaucoup de talent, a été l'une des premières à faire connaître le parti que l'on peut tirer de cette invention. »

Ceci était écrit au milieu de l'année 1806, sept ans après la découverte d'Aloÿs Sennefelder, et signifie tout simplement que le général Lejeune fut le premier introducteur de la lithographie en France : aussi M. Henri Bouchot, le savant historien de la lithographie, a-t-il placé le *Cosaque* en bon rang parmi les incunables de cet art.

Lejeune avait montré le procédé à Carle Vernet et à David qui partagèrent son enthousiasme ; seul, Denon, directeur des musées impériaux, s'y montra hostile ; mais, en 1811, au retour d'une de ses campagnes, quel ne fut pas l'étonnement de Lejeune en trouvant celui-ci plus que converti à la lithographie, vantant les résultats de cet art merveilleux, l'enseignant aux *belles madames* d'alors et laissant entendre qu'il en était l'introducteur et le propagateur en France !

La pierre originale, rapportée de Munich par Lejeune, fut offerte par lui

Un cosaque (lithographie).

à M. Joly; elle appartient maintenant à M. Fouque qui l'a présentée à une des dernières réunions des Sociétés de Beaux-Arts des départements.

Brillant homme de guerre, chroniqueur spirituel, historien d'une rare justesse de vision, artiste novateur, le général baron Lejeune, cet amateur si distingué, a encore d'autres titres à notre grande estime. Appelé en 1830 au commandement militaire de la Haute Garonne, il se fixa à Toulouse et y accepta la direction de l'école des Beaux-Arts et de l'Industrie. Il devint même maire de Toulouse dans des moments difficiles, où il sut ramener le calme et mériter l'estime de tous. Aussi, quand il mourut, le 29 février 1848, à l'âge de soixante-quatorze ans, son cortège funèbre fut-il suivi d'une foule immense, désireuse de témoigner ses regrets à cet homme d'esprit et de talent qui était aussi un homme de cœur.

En somme, l'œuvre de Lejeune restera, non seulement pour ses qualités propres, mais aussi à cause des sujets qu'il a traités et des documents qu'elle contient. En glorifiant certaines pages de l'épopée napoléonienne avec la sincérité de l'artiste qui y a joué son rôle de soldat, il élève les cœurs vers l'idée de patrie incarnée dans l'armée et l'on peut dire que son pinceau comme son épée ont bien mérité du pays.

# MASSIMO D'AZEGLIO

eci pourrait commencer à la manière d'un roman d'aventures.

Par un matin de mai de l'année 1822, un cavalier, sorti de Rome par la porte Saint-Jean, galopait sans hâte sur la route de Marino. Il avait une monture de campagne assez convenable, avec le harnachement et le bagage complet des gardeurs de troupeaux, c'est-à-dire une selle à hauts arçons bien rembourrée et recouverte de cuir, des besaces, une capote en drap sombre doublée de soie verte et de plus, en harmonie avec le reste, un habillement en velours de coton comme en portent les gens de la campagne.

Parvenu à Marino, le cavalier — un jeune homme de vingt-trois ans, dont l'élégante silhouette contrastait singulièrement avec le costume grossier dont il était revêtu — le cavalier mit pied à terre devant une auberge de peu d'apparence, située au haut du pays, au carrefour des routes qui conduisent, l'une vers l'église et les autres à Frascati, Castello et Albano ; puis, après avoir confié sa monture au valet d'écurie, il entra dans l'auberge, s'assit sans façon au milieu des paysans et se mit à causer avec le sieur César et la dame Marthe, les hôteliers, tandis qu'on lui préparait un repas.

Ces braves gens étaient remplis de prévenance pour leur hôte, mais ils auraient été bien surpris d'apprendre que ce jeune homme au costume de vacher qu'ils appelaient familièrement *Sor Massimo*, n'était autre que le chevalier Massimo d'Azeglio, de la famille Taparelli, une des plus anciennes de la noblesse piémontaise.

Quant au lecteur, déjà étonné par ce début romanesque et rêvant sans doute complots, fuites et déguisements, force m'est de le détromper en lui avouant que d'Azeglio n'avait d'autre projet, en venant à Marino, ainsi déguisé, que celui d'y faire de la peinture...

Et maintenant, il nous faut reprendre d'assez haut l'explication de ce qui précède.

MASSIMO D'AZEGLIO
(statuette par MAROCHETTI).

Né à Turin, en 1798, le jeune Massimo d'Azeglio n'avait pas encore seize ans quand on reconstitua le régiment de cavalerie « Royal Piémont ». Les vieux officiers, retraités depuis longtemps, reprirent du service, mais, au cours des guerres de l'Empire, des vides s'étaient faits dans les listes de l'Almanach de cour et du *Palmaverde* et, pour les combler, on fit appel aux jeunes gens.

Du coup, Massimo d'Azeglio fut nommé sous-lieutenant. « En vertu de quoi ? écrit-il spirituellement. Simplement parce que, en l'année 1240, ou 60, ou 80 — ce qu'il y a de bon, c'est que moi-même je ne me rappelle pas avec exactitude cette date mémorable — un certain homme d'armes, Brenier Capel vint prendre femme à Savigliano et eut l'heureux destin d'être la cause efficiente de cette longue succession de Taparelli desquels j'ai l'honneur d'être l'avant-dernier. »

Il n'avait exactement que quinze ans et demi, ignorait totalement comme bien on pense les plus élémentaires principes de la « théorie » et profondément sensible et droit, il souffrit cruellement du ridicule, quand il se vit, lui, « pauvre petit noble par la grâce de Dieu », imberbe et ignorant, obligé de commander à de vieilles barbes, retour de la Bérésina. « Il me semblait, confesse-t-il, à chaque fois que ces fiers visages tournaient leurs regards vers moi, me sentir donner une taloche, comme on en donne aux enfants importuns pour se débarrasser d'eux. »

Aiguillonné par ce sentiment, il se mit ardemment au travail, mais le canon de Waterloo venait de tonner, et il ne tarda pas à s'apercevoir « que le métier des armes n'aurait plus de longtemps grande importance et que faire partie de l'armée offrirait à peu près autant d'agréments que faire partie d'une confrérie de pénitents ».

MASSIMO D'AZEGLIO

De la cavalerie royale, il passa bientôt dans la milice provinciale, la *Brigata guardie*, mais s'il changea « d'arme », il ne modifia guère sa vie et continua de perdre son temps et de compromettre sa santé dans les pires folies.

Un beau jour enfin, cédant aux objurgations de son ami Bidone et dépouillant tout d'un coup le vieil homme, il se mit à faire de la peinture...

Aussi bien, il avait montré de bonne heure un goût très vif pour les beaux-arts et, durant le premier séjour de sa famille à Rome où son père représentait le roi, en 1812, on lui avait donné comme professeur de dessin un Calabrais, don Ciccio de Capo, âgé de quatre-vingts ans et dernier représentant de la vieille école de convention. Au régiment, loin d'oublier ses premières leçons, il mit à profit ses rares loisirs pour essayer quelques études d'après nature.

Rien ne lui aurait donc été plus facile de se faire une aimable réputation de *peintre amateur*, en se bornant tout simplement à développer ses dispositions naturelles ; mais, en quittant le service, il n'entendait nullement travailler « en amateur », au contraire, et, dans sa tête folle de Taparelli, il roulait des projets bien autrement importants.

Son précieux Mentor, son ami Bidone, lui avait souvent répété ce vieux dicton italien : « Apprends un métier et mets-le en réserve », auquel il ajoutait, en guise de commentaire, que tout homme doit avoir le moyen de gagner son pain sans dépendre de revenus ni d'emplois : c'est ce qui décida peu à peu Massimo non seulement à faire de la peinture, mais qui plus est, à en vivre.

Pour nous qui avons appris à voir naître les artistes un peu à tous les degrés de l'échelle sociale, il n'y a rien là de particulièrement digne de remarque. Mais en 1820, il en était tout autrement, et voir le chevalier Massimo d'Azeglio quitter son grade dans le *Piemonte Reale* ou dans les Gardes pour aller à Rome faire de la peinture, ces vingt-quatre mots assemblés dans une même phrase exprimaient, pour la société d'alors, l'abomination de la désolation et signifiaient le retour du monde au chaos.

Les anathèmes ne manquèrent pas de s'abattre sur l'audacieux, mais d'Azeglio dit quelque part que, descendant des Bretons, il eut toujours la tête un peu dure : sa résolution ne fut donc point ébranlée par les mines pincées des *douairières d'Orsentin* et autres représentants de l'aristocratie gourmée du vieux Piémont. Laissant rire, il partit pour Rome...

Là, ce fut d'abord, après quatre années de vie oisive, une rage de travail et de travail assidu, forcené, tenace, sans but bien précis comme sans direction. « Je me levais de bonne heure, raconte-t-il, et me rendais tout de suite à l'atelier... Le soir, j'allais me coucher de bonne heure aussi. »

Une semblable existence de labeur soutenu lui valut les approbations paternelles : « Mon père était trop heureux de voir un vaurien de mon espèce travailler, produire quelque chose, bon ou mauvais, au lieu de passer sa vie dans les cafés et les estaminets. » Il gagna aussi, à cette dure école, son inaltérable bonne humeur devant la tâche la plus ingrate et les jours les moins prospères ; il apprit de bonne heure à voir clair dans la vie et, comme il en connut les heures grises, il sut en apprécier davantage les moindres joies. Enfin, il faut dire aussi qu'il s'est formé à peu près seul.

Il est assez curieux, en effet, de se demander ce qu'ont bien pu lui apprendre ses « maîtres ». En 1812, nous avons mentionné le vénérable Don

Effet de lune

Ciccio de Capo, dont les quatre-vingts ans devaient mal s'accorder avec les conditions qu'on exige d'un professeur de peinture. Plus tard, lors de son deuxième séjour à Rome, Massimo d'Azeglio fréquenta assidûment l'atelier de Martin Verstappen, d'Anvers, qui, lui, avait une bien singulière façon de professer. Écoutez plutôt son élève : « Il se plantait derrière notre siège et nous regardait faire sans souffler mot, pendant quelques minutes, tandis que nous qui ne savions que peu de choses et qui étions dans l'ignorance des méthodes, des règles et des secrets de l'art — personne ne nous les enseignait — nous attendions ses paroles comme autant d'oracles, espérant recevoir quelque bon conseil. La grande sentence était enfin prononcée : « *Un beu tur* », disait le maître à l'un de nous ; puis il se livrait de nouveau à cinq minutes de contemplation silencieuse, après quoi, s'adressant à l'autre élève : « *Un beu péssant* », prononçait-il, et vite il se tournait vers ses propres tableaux... »

En réalité, d'Azeglio ne travaillait pas seulement la peinture à cette époque, mais, levé une couple d'heures avant le jour, il se rendait aussitôt chez un

PAGE D'ALBUM

maître qui recevait plusieurs élèves et leur donnait des leçons à la clarté des bougies, ces jeunes gens ayant autre chose à faire à la clarté du soleil.

Le jour venu, chacun des élèves s'en allait à ses affaires, et Massimo, pour sa part, prenait de l'exercice, c'est-à-dire que, s'étant ménagé les bonnes grâces de je ne sais plus quel chef d'écuries princières, il pouvait monter à cheval pendant quelques heures et satisfaire ainsi ce qui fut la passion de toute sa vie. Il s'enfermait ensuite dans son atelier jusqu'à l'heure du dîner, dessinant, peignant d'après des modèles, étudiant l'anatomie de l'homme et du cheval. Après dîner, il allait à l'académie de nu jusqu'à neuf heures du soir, ce qui est bien, pour quiconque se lève de bon matin, le moment de rentrer chez soi et de se coucher.

Telle était sa vie pendant les premières années de son séjour à Rome : « Je crois que cela pouvait s'appeler travailler, ajoute-t-il, et je travaillais certes de bon cœur. Je sentais que j'avais pris un engagement d'honneur qu'il me fallait tenir aussi vite et aussi bien que possible ».

Pour cela, il « combina » un tableau représentant, à droite, un château dans l'ombre ; à gauche, une vallée, et le mont Saint-Oreste dans le lointain. « C'était, d'après le propre jugement de l'auteur, une œuvre de peu de valeur artistique, mais il y avait dans ce tableau de la couleur et un certain effet qui, somme toute, pouvaient plaire à ceux qui ne s'y connaissaient pas beaucoup. » Ce qui arriva, en effet, car la toile se vendit et fut envoyée à Turin en 1821.

Puis, comme venait le printemps, il songea à s'installer à la campagne. Ainsi, à dater de cette année, il quittera Rome régulièrement, à chaque retour

Mort du comte de Montmorency
(Palais royal de Turin).

de la belle saison, et s'en ira planter sa tente, sans métaphore, dans un coin ou dans l'autre de la campagne romaine.

Ces excursions annuelles, outre le profit que le peintre en a tiré — profit qui fut immense, comme on le verra plus loin, — nous ont valu les plus pittoresques, les plus colorées, les plus brillantes parmi les belles pages de ses *Souvenirs* : Castel Sant' Elia, Rocca di Papa, Genzano, Marino, La Riccia, telles ont été les étapes de ces quatre fructueuses années. Installé ici dans une masure sans portes ni fenêtres et couché sur des sacs remplis de paille, il habite là un château en ruines, appartenant aux Sforza, où il doit disputer leur domaine aux rats et aux chauves-souris ; ailleurs, il commence sa première nuit de villégiature couché dans un tonneau, à la belle étoile. Ailleurs encore...

Mais comment reprendre après lui, tant d'épisodes gracieux ou dramatiques, comiques ou saisissants, contés d'une plume si alerte et si vivante? Rencontres de brigands, fêtes villageoises, mœurs locales, types observés et « campés » magistralement — tel cet extraordinaire *Sor Checo Tozzi* — que de détails savoureux nous ont valu ces chevauchées à travers la campagne romaine et ses coins les moins fréquentés, où Massimo Taparelli d'Azeglio se rendait — nous l'avons vu au début de cette étude — dans un équipage qui ne risquait point de trahir son incognito.

Presque toujours sous une forme légère en apparence, il touche d'un jugement sûr au fond des questions qu'il agite; il a tantôt des aperçus politiques qui font honneur à l'homme d'État, tantôt des réflexions que ne désapprouverait pas un moraliste de profession. C'est surtout dans le genre descriptif et dans le portrait qu'il excelle : là, il déploie sa verve pittoresque et l'on dirait qu'il écrit avec un pinceau, tant il sait donner de vie aux personnages et aux choses dont il parle.

Mais il nous faut revenir au peintre et conter d'après lui-même sa méthode de travail. Il peignait d'après nature, sur d'assez grandes toiles, cherchant à terminer l'étude de son tableau sur place, sans ajouter un coup de pinceau à l'atelier. Il faisait aussi des études de moindre dimension et peignait des morceaux détachés, s'ingéniant toujours à finir son œuvre le plus qu'il pouvait. C'était là le travail de la matinée.

Après dîner, il dessinait, toujours d'après nature, terminant avec beaucoup de soin et étudiant chaque détail.

Vers le mois de septembre, il rentrait à Rome, rapportant trois ou quatre grands tableaux composés et finis d'après nature, une vingtaine d'études et un grand nombre de dessins. Quelques semaines de repos à Albano, et il reprenait ses quartiers d'hiver pour tirer parti de ses études.

Ainsi composa-t-il, en 1823, un tableau représentant un précipice près de Castel Sant'Elia; il ne manquait pas d'effet et avait même une touche de vérité, premier fruit d'une constante et attentive observation de la nature durant six mois. Le marquis Lascaris de Ventimiglia lui ayant acheté ce paysage, il se décida, encouragé par ce succès, à frapper un grand coup.

Pendant l'hiver suivant, il représenta *Les Trois Cents aux Thermopyles*; le tableau fut envoyé à Turin et offert par le père de l'artiste à Charles-Félix. « Ce prince, écrit d'Azeglio, me donna en retour une tabatière ornée de brillants. Comme il en arrive d'ordinaire pour ces sortes de cadeaux, je la vendis en souvenir de lui, le plus tôt possible. »

Ses « finances » en effet, n'étaient pas toujours prospères ; il recevait de son père une pension de 130 à 140 francs par mois, et, avec une spirituelle philosophie, il nous met au fait des hausses, et plus souvent encore des baisses de sa bourse.

Mais rien ne le rebutait, son budget s'équilibrait tant bien que mal, et quand il nous conte comment il remonta son vestiaire avec les habits du *pauvre sieur Basile*, achetés à sa veuve, il ajoute simplement : « C'est ainsi que je vivais et que je vécus pendant des années. »

LE REITRE, étude
(Musée de Turin).

Il faut pourtant reconnaître que la chance favorisa ses efforts et qu'il eut la satisfaction de voir ses tableaux enlevés par les amateurs dès qu'il les exposait. D'autre part, depuis la tabatière de Charles-Félix, la vieille noblesse turinoise commençait à le prendre au sérieux ; elle fut définitivement conquise par la *Mort de Montmorency*.

Pendant l'hiver de 1825, se trouvant à la tête d'un joli capital d'études « et d'études faites d'après nature », comme il le fait remarquer avec insistance, il se mit en tête d'exécuter une grande œuvre « dans le sens de la dimension, bien entendu ».

« J'appelai à mon aide, raconte-t-il, toute une colonie de paladins, de chevaliers et de demoiselles errantes. Ce n'était pas une nouveauté en littérature, mais c'en était une dans la peinture paysagiste... Je pris mon sujet dans le *Malek-Adel* de M. Cottin, l'épisode de la mort de Montmorency. Je fondais de grands châteaux en Espagne sur ce tableau : c'était mon pot au lait... La composition en était grandiose et neuve ; il y avait de la couleur et de l'effet dans l'ensemble... »

Exposé d'abord à Rome, dans l'atelier du peintre, il obtint « un vrai succès », les jeunes artistes vinrent en foule l'examiner et il ne fut pas jusqu'aux vieux maîtres qui ne se crurent obligés de lui rendre visite. Emballé et expédié à Turin, « il y fit l'effet d'une véritable merveille ».

« Le public accourut et ma renommée alla toujours grandissant... Ce m'était une singulière satisfaction de pouvoir montrer à toute ma parenté qu'à la fin, avec son intelligence et son travail, on pouvait arriver à conquérir quelque considération, sans qu'il fût nécessaire d'être chambellan ou écuyer. »

C'était là, pour ce cœur si fièrement placé, une satisfaction intime à laquelle il dut être particulièrement sensible, et comme une belle revanche des propos aigres-doux qui l'avaient salué quand il s'était avisé de rompre en visière avec les traditions de son époque.

Depuis, il avait fait du chemin et montré la voie aux autres : et tous ces nobles artistes que nous rencontrons de chapitre en chapitre, dans les *Souvenirs*, n'auraient peut-être pas osé prendre le pinceau, sans sa courageuse initiative. C'est, à Naples, le marquis Domenico Ricci, qui s'occupe de dessin et de musique, c'est le comte Benevello passionné pour l'art, c'est encore le marquis Venuti, noble Romain, riche et travaillant peu, mais néanmoins faisant aussi ses études d'après nature à Marino, en compagnie du comte Roberti, un artiste de beaucoup de talent et de peu de fortune. D'Azeglio se rapprochait plus de celui-ci que de celui-là, mais c'est à peine si, dans tout le cours de ses mémoires, il a laissé échapper une plainte. Ce n'est qu'en parlant de sa vie de misères et de souffrances, à Naples, l'année qui suivit le succès de la *Mort de Montmorency*, qu'il écrit, avec quelle éloquence et quelle vérité : « Je sais trop de quoi je parle, moi qui ai toujours dû travailler comme ces pauvres bêtes de somme sur le dos saignant desquelles on pose le bât! »

De fait, il finit par tomber sérieusement malade, mais sans que pour cela son activité se ralentît : en effet, profitant d'une longue cure qui lui interdisait tout travail au dehors, il employa ces loisirs forcés à compléter ses études d'anatomie. En même temps, il caressait de vagues projets d'écrire.

La mort de Ferrucio

Avec l'admirable promptitude de ses résolutions, il saisit bientôt cette idée, la mûrit pendant sa convalescence à Turin et, à peine rétabli, chercha le moyen d'y donner suite immédiatement : une excursion dans la vallée de Suse lui fournit un sujet, et il se mit à écrire l'histoire de l'abbaye de Saint-Michel qu'il avait visitée, et à l'orner de lithographies d'après des croquis pris sur les lieux mêmes.

Toujours sévère pour ses propres œuvres, il n'est pas tendre pour ces lithographies : « à force de fatigue et de soin, elles produisaient un certain effet, toutefois elles n'avaient guère la touche artistique ».

Page d'album

Et alors, une inquiétude lui vint : si l'on allait supposer, dans Turin, que le tableau apporté de Rome l'année précédente n'est pas l'œuvre de ce lithographe maladroit... Coûte que coûte, il faut produire, à Turin même, une nouvelle toile qui efface le souvenir des sites de la vallée de Suse et détruise toute équivoque sur la paternité de la *Mort de Montmorency*.

Après un court séjour à Rome, il rentre à Turin avec son bagage d'études et se met sur l'heure au travail : avec une fougue, une conviction, un cœur qu'il ne s'est jamais connus aussi ardents, il peint le *Défi de Barletta*.

Et voici que, tout en peignant, tout en faisant étinceler les armures et flotter les oriflammes, sa pensée s'envole jusqu'au vieux temps dont il retrace l'héroïsme. Par delà le tableau, par delà la rencontre des trois Français et des trois Italiens dans la plaine de Barletta, voici qu'une idée lui sourit. Ah ! la noble et généreuse idée ! Si de l'épisode dont s'est inspiré le peintre, l'écrivain s'emparait un jour et s'il en faisait un roman historique pour donner l'impulsion à un lent travail de régénération du caractère national, pour réveiller des sentiments nobles et élevés dans les cœurs, pour, en un mot, « publier sous les yeux de la censure autrichienne un livre destiné à exciter les Italiens à tomber sur les étrangers... »

Quelques jours plus tard, Massimo d'Azeglio commençait son *Ettore Fieramosca*, roman historique, accueilli plus tard avec cet enthousiasme réservé aux œuvres qui viennent à leur heure, et qui lui valut — il le confesse — « de vivre les plus beaux moments de sa vie ».

Ces jours heureux furent assombris par la mort de son père, qui survint au mois de novembre 1831, une date à retenir, car elle marque, dans la vie de notre artiste, une étape nouvelle.

Les funérailles d'Amédée VI

Il se fixe désormais à Milan qui était, à cette époque, un curieux centre d'art ; « il était de mode d'acquérir des tableaux modernes. Les riches se formaient des galeries ; et ceux qui n'étaient pas fortunés se condamnaient parfois à d'étranges privations afin d'avoir un petit tableau de tel ou tel peintre ».

Pour un « professionnel » comme d'Azeglio qui, sans avoir pour but principal le désir de gagner de l'argent, entendait cependant cultiver son art comme une profession et vendre ses tableaux, il y avait un intérêt tout spécial à résider en cette ville. Il ne fut donc pas sans bénéficier de la véritable frénésie qui caractérisa le mouvement artistique à Milan pendant une dizaine d'années, et n'eut pas à se plaindre de l'accueil qu'on réserva à ses œuvres.

Il était arrivé apportant trois toiles terminées : le *Défi de Barletta*, un *Intérieur de bois de sapins* et la *Bataille de Legnano* ; mais avant de les envoyer à l'exposition qui se préparait au Palais Brera : « Voyons ce qu'ils savent faire ici ! » se dit-il, et il fit prudemment le tour des ateliers.

A demi rassuré par cette visite, il exhiba ses tableaux et ne tarda pas à reprendre confiance, car, en deux ou trois jours, toute sa « marchandise », comme il dit, trouva placement !

« Après une telle réussite, les commandes se mirent à pleuvoir de tous côtés : j'en eus toujours en quantité pendant mon séjour à Milan, au point qu'il m'est arrivé de faire vingt-quatre tableaux dans un hiver, tous ou presque tous demandés à l'avance. »

En même temps, il terminait l'*Ettore Fieramosca* qui parut en 1833 et après le succès duquel il se mit à écrire *Niccolo de Lapi*. Il partageait sa vie entre ses romans et ses tableaux, et ceux-là n'avaient pas moins de « débit » que ceux-ci, encore qu'il ne fît pas la chasse aux acquéreurs et que, comme il prend soin de nous le faire remarquer, ce fussent toujours eux qui vinssent au-devant de lui.

Son mariage avec la fille de Manzoni date de cette époque : il se fixe définitivement à Milan, puis il nous échappe.

Le peintre et le romancier passent au second plan : l'homme politique se montre et, outre que cela sort de notre cadre, ce serait faire injure au lecteur d'insister sur les années qui suivirent et sur le rôle de celui qui fut avec Cavour l'un des créateurs de l'unité italienne.

Certes, il n'oublie pas son art. Il pense quelquefois, au milieu des soucis des affaires publiques : « Oh ! comme il me vaudrait mieux maintenant avoir étudié le « service en campagne » par exemple, et bien le connaître, plutôt que de savoir faire une étude de chêne d'après nature ! Connaître le Code, le mécanisme des finances et du crédit, avoir des idées administratives, plutôt que de savoir peindre avec quelque habileté un ciel ou un horizon... »

Mais ce sont là regrets que le temps se charge d'adoucir et sur ses vieux jours, on verra d'Azeglio, sénateur du royaume, directeur des galeries royales, général de brigade en retraite et aide de camp honoraire du roi, reprendre son pinceau pour subvenir à l'insuffisance de sa fortune, lui qui, autrefois, employait ses bénéfices de peintre à venir en aide aux indigents !

Au mois d'avril 1866, c'est-à-dire trois mois après la mort de Massimo d'Azeglio, la ville de Turin organisa une importante exposition de son œuvre, dont le catalogue ne compte pas moins de cent soixante-trois numéros; c'est assez dire que l'on put s'y former une idée d'ensemble sur le

LA VENDETTA
(Musée de Milan).

peintre, d'autant que ses toiles les plus importantes y figurèrent en belle place.

A ces tableaux, sur chacun desquels ce catalogue nous donne les plus précieux renseignements, les organisateurs avaient eu la pieuse idée de joindre, outre les esquisses, études et dessins, un certain nombre d'objets ayant appartenu à l'artiste : ses uniformes, son chevalet, sa palette, sa boîte à couleurs, les manuscrits de ses ouvrages, etc.

Tout de suite, on distingue trois manières dans la peinture de d'Azeglio : le plus grand nombre des tableaux sont des paysages ; les autres des peintures historiques ou légendaires.

Ces dernières toiles, « pures créations de la fantaisie pour lesquelles le peintre semble avoir pris l'hippogriffe de l'Arioste[1] », sont en majeure partie inspirées du Tasse ou de Dante : ce sont l'*Ombre d'Argalia* (1834), le *Combat de Bradamante et d'Atlante au château enchanté* (1835), le *Duel entre Ferrari et Roland*, le *Duel entre Rodomont et Bradimart*, *Adolphe poursuivi par les Harpies* (1836), *Bradamante délivrant Roger* (1837), le *Combat entre Gradasso et Rinaldo* (1838), *Sacripant et Angélique* (1839), etc.

A côté de cette catégorie, nous avons cité les œuvres historiques, dont les sujets étaient surtout empruntés à l'histoire de l'Italie : le *Défi de Barletta*, la *Bataille de Legnano*, la *Mort de Josselin de Montmorency*, la *Défense de Nice contre Barberousse et les Français*, la *Bataille de Turin*, etc.

En dépit de la place que tient ce dernier groupe dans l'œuvre de l'artiste et du succès qui lui fut réservé, il n'est pas tout à fait juste de dire, avec M. Camerini, que « artiste, d'Azeglio ne sut pas se dégager du culte des traditions de l'Italie », jugement qui tendrait à diminuer la valeur de ses paysages au profit de cette peinture conventionnelle de l'histoire et de la légende.

Traitée d'ailleurs avec beaucoup de liberté, elle a, il faut bien le dire, le défaut de tomber trop souvent dans le théâtral et l'apprêté : la *Mort de Ferruccio*, par exemple, n'est pas exempte de tout reproche à cet égard. Quant aux *Funérailles d'Amédée VI* et à la *Mort de Montmorency*, on dirait proprement des maquettes, très « poussées », de décors luxueux.

Il faut pourtant y noter le soin avec lequel est choisi et traité le paysage et la place qu'il tient dans ces compositions : à bien examiner l'ensemble, il n'est pas exagéré de dire que la scène apparaît plutôt comme un accessoire et que, même sans elle, le tableau « se tient » très suffisamment.

C'est que Massimo d'Azeglio fut surtout un paysagiste : il eut beau vouloir attirer l'attention sur un groupe de combattants sur un blessé expirant au milieu de ses amis éplorés, rien ne l'empêche de s'attarder au décor naturel : les arbres ou les rochers, le lac ou le fleuve encadrent l'épisode, quelquefois ils envahissent la scène et accaparent à leur profit toute l'attention du spectateur.

Aussi quand, par contre, le paysage et le sujet — si minime que soit celui-ci — s'unissent et concourent à la même impression, il en résulte une

---

[1] E. Camerini. *I contemporanei italiani*.

émotion profonde et ineffaçable. A ce point de vue, aucune des toiles de Massimo d'Azeglio n'est plus éloquente que *La vendetta*.

« Qui ne se rappelle ce tableau, écrit Giulio Carcano, où l'artiste a représenté une route montueuse, nue et déserte, avec un précipice d'un côté, et, de l'autre, quelques arbres rabougris, comme on en rencontre sur les hauts

Bataille de Monbaldone.
(Palais royal de Turin).

plateaux des Alpes et des Apennins? Le ciel est couvert de nuages noirs qui annoncent l'orage ; au loin, à droite, la pluie commence à tomber, et la route n'est éclairée que d'une lumière blanchâtre qui semble tomber obliquement d'un coin du ciel. Au milieu, un cadavre étendu, auprès duquel un chien se traîne en hurlant ; au sommet de la côte, un cheval blanc qui s'enfuit au galop et, sur la gauche, au dernier plan, les assassins qui se retirent en hâte. »

C'est vraiment une chose admirable que l'effet puissant obtenu par ce seul corps étendu au travers du chemin, au milieu de cette campagne désolée, et rarement on a rendu avec une aussi intense vérité la tristesse de la nature et cette « odeur de crime » qui semble flotter par certains temps en certains lieux.

Paysagiste, voilà donc le plus beau titre de gloire de notre artiste, et il faut ajouter paysagiste *italien*, car, si l'on en excepte quelques vues, bien rares, de Paris et de Londres, il se borna à peindre l'Italie. Cette Italie, la dame de ses pensées pendant toute sa vie, a-t-on dit, il en recommande l'étude aux artistes de son temps et il enrage de les voir, non pas seulement oublier, mais méconnaître les merveilles qu'ils ont sous les yeux.

ARACELI (aquarelle).

« Personne ne semble juger la magnifique nature italienne, sa splendide lumière, les riches teintes de son ciel comme dignes d'être reproduites ! Si l'on va aux expositions, qu'y voit-on ? Un paysage du nord de la France, imitation d'un tel. Une marine prise à Étretat ou à Honfleur, imitation de tel autre. Une lande en Flandre, un bois à Fontainebleau, imitation de Dieu sait qui... Tandis que nous sommes nés dans la véritable patrie de toute beauté naturelle, sous le clair et puissant rayon d'un soleil qui colore les plaines et les monts, les murs, les plantes et les édifices de si admirables tons, ils préfèrent... une nature sans âme, sans caractère, molle, éteinte, ressemblant à un instrument auquel on a mis la sourdine. »

Suit une comparaison entre l'Italie et le reste de l'Europe, dans laquelle, comme on le devine, le vieux « nationaliste » donne la palme à son soleil.

Mais gardons-nous de rire, car celui-ci qui avait la foi, eut aussi cette qualité merveilleuse de n'imiter ni les artistes maniérés du xviii° siècle, ni les peintures photographiques de son temps ; il plaisanta cruellement les réalistes et leurs imitations du « laid » et fut plus dur encore pour les « faiseurs ». Il fut original et vrai, parce que, comme nous l'avons vu, il mit en

ULYSSE ET NAUSICAA
(Musée de Turin).

pratique cette règle esthétique trop oubliée « qu'un paysagiste doit apprendre à reproduire la nature, après cela à faire des tableaux... »

Dans sa jeunesse, il se pénétra des beautés de la campagne romaine, puis descendit jusqu'à Naples et poussa jusqu'en Sicile. Plus tard, c'est la Haute-Italie qu'il parcourt et traduit.

« De 1831 à 1841, dit Camerini, il n'y eut pas d'exposition qui ne fut enrichie et embellie par les œuvres de son fécond pinceau... Aux études rapportées de la Basse-Italie, il faut joindre ses travaux faits dans ses courses à travers l'Italie supérieure ; notons, parmi ceux-ci, une *Vue du vallon de Brembana*, exécutée pendant son séjour aux eaux de Saint-Pellegrino, et, par-dessus tout, ses paysages pris aux bords du lac de Côme... Les rives du Lario lui donnèrent aussi des inspirations et un sujet pour dix tableaux grands ou petits, exposés en 1833. »

Et dans ses exquis souvenirs de voyages, comme dans ses compositions historiques et ses tableaux de fiction, le soleil illumine les scènes, les feuilles s'agitent, les figures s'animent ; le peintre recueille la magie des impressions fugitives, il ose tout, et pour se faire pardonner sa hardiesse, il répand partout un grand accent de vérité.

La vérité, la probité artistiques, telles furent les convictions pour la défense desquelles il travailla et lutta toute sa vie... Et ce que nous disons ici de sa peinture, on pourrait facilement l'étendre à sa politique et à sa littérature.

Quelle grande figure et quelle figure attachante ! Un de ses biographes l'a nommé avec raison : *Il primo et piu amabile cavaliere d'Italia*.

VUE D'ARACELI
(aquarelle).

En lui a ressuscité un des caractères les plus brillants du genre italien : « l'universalité ». Léonard de Vinci, Michel Ange, Benvenuto Cellini étaient universels, et, si nous ne pouvons comparer d'Azeglio à ces puissants créateurs, nous pouvons du moins constater qu'il est de la famille et qu'il joint à ses dons naturels celui de faire simplement et gracieusement les choses difficiles. C'est pour nous un contemporain puisque celui qui écrit ces lignes a eu la bonne fortune de le connaître, mais un contemporain qui tranche sur une époque où il semble qu'on ne puisse devenir quelqu'un, qu'à la condition de se spécialiser.

« Il faut venir au monde général, peintre, poète et musicien », a dit le prince de Ligne. Ce fut le cas de d'Azeglio.

Tour à tour diplomate, officier de cavalerie, député, ministre et président du conseil, gouverneur de Milan, ambassadeur et sénateur du royaume, écrivain politique, romancier, peintre et musicien, c'est en effet un véritable artiste, dans la plus large acception du mot, que cet homme du monde et du meilleur, aux idées et aux sentiments généreux, qui, ayant tous les avantages de la naissance et tous les dons pour briller parmi ses pairs, laisse tout pour donner carrière à son goût pour la peinture. Il travaille, il peine, il souffre, mais il est fier de « gagner sa vie », et lorsqu'à plusieurs reprises il quitte ses pinceaux, c'est pour prendre l'épée ou la plume, aux heures difficiles que traversait son cher Piémont!

Ouvrier de la première heure de l'unité italienne, il a eu le rare courage de montrer les périls après avoir exalté les énergies, lorsqu'il rompait le silence imposé par les oppresseurs étrangers et qu'il parlait de liberté et d'indépendance. Ce n'est pas de l'homme politique, de l'officier ou de l'administrateur que nous avions à parler, c'était seulement de l'artiste. Mais cela suffisait, semble-t-il, car ce titre d'artiste lui était plus cher qu'aucun autre, à lui qui refusa le collier de l'Annonciade, objectant *qu'il irait mal sur son costume de peintre*.

Cependant, pour compléter l'esquisse de cette belle figure, nous terminerons par ces lignes extraites de ses souvenirs et dans lesquelles d'Azeglio donne un noble exemple aux hommes politiques de son pays : « Nul plus que moi n'apprécie la valeur du généreux sang français versé pour la cause de l'Italie. »

# TABLE DES GRAVURES HORS TEXTE

*Buste de Gauthiot d'Ancier* (Musée de Gray, Haute-Saône). Héliogravure de Massard, d'après un dessin de M. Fournier-Sarlovèze . . . . . . . . . . . . . . . . . . . . . . . 5

*La partie d'échecs.* Héliogravure de Braun, Clément et Cie, d'après le tableau de Sofonisba Anguissola . . . . . . . . . . . . . . . . . . . . . . . . . . . . . . . . . . 21

*Sofonisba Anguissola*, par elle-même. Héliogravure de J. Tancur, d'après le tableau de la Galerie Borghèse . . . . . . . . . . . . . . . . . . . . . . . . . . . . . . . . . . 33

*Louis XIII*, d'après la statue de Pierre de Franqueville (Musée national, à Florence). . . 61

*La comtesse Potocka, née Mniszech, et un de ses fils.* Héliogravure de Dujardin, d'après le tableau de Lampi (Collection de M. le comte Nicolas Potocki) . . . . . . . . . . . . 93

*Le comte Vandalin Mniszech*, d'après le tableau de Lampi (Collection de M. le comte Léon Mniszech) . . . . . . . . . . . . . . . . . . . . . . . . . . . . . . . . . . . 95

*Hébé.* Lithographie de M. Fuchs, d'après le tableau de Lampi (Collection de M. le baron de Bourgoing, Vienne) . . . . . . . . . . . . . . . . . . . . . . . . . . . . . . . 97

*Le comte Louis Starzinski*, d'après le tableau de Lampi (Collection de M. le comte Boleslas Starzinski) . . . . . . . . . . . . . . . . . . . . . . . . . . . . . . . . . . . 101

*L'impératrice Marie Feodorowna.* Héliogravure de Dujardin, d'après le tableau de Lampi (Galerie du grand-duc Constantin, à Pavlovsk) . . . . . . . . . . . . . . . . . . . 105

*La comtesse Joséphine Potocka avec Lampi et l'architecte Latour*, d'après le tableau de Lampi . . . . . . . . . . . . . . . . . . . . . . . . . . . . . . . . . . . . . . . 107

*Le fils aîné de Lampi et son petit-fils*, d'après le tableau de Lampi (au Ferdinandeum, à Innsprück) . . . . . . . . . . . . . . . . . . . . . . . . . . . . . . . . . . . . 109

*La princesse Pauline de Schwartzenberg*, d'après le tableau de Lampi . . . . . . . . . 113

*Le retour de chasse*, d'après le tableau de Costa de Beauregard . . . . . . . . . . . . 153

*Intérieur du « Villard ».* Héliogravure d'Arents, d'après le tableau de Costa de Beauregard (Collection de M. le marquis Costa de Beauregard) . . . . . . . . . . . . . . . . . 157

*Ésope et les animaux*, d'après le dessin de Costa de Beauregard . . . . . . . . . . . . 161

*Le général baron Lejeune.* Héliogravure d'Arents, d'après une miniature de G. Guérin . 173

# TABLE DES MATIÈRES

| | |
|---|---|
| Claude Lulier et le buste de Gauthiot d'Ancier | 1 |
| Amateurs au XVIᵉ siècle : Sofonisba Anguissola et ses sœurs | 13 |
| *Appendice* | 38 |
| Pierre de Franqueville | 43 |
| Nicolas Foucquet et ses collaborateurs : Vaux-le-Vicomte | 65 |
| Lampi | 91 |
| Ferdinand de Meys | 117 |
| *Appendice* | 132 |
| Costa de Beauregard | 149 |
| Le général Lejeune | 167 |
| Massimo d'Azeglio | 193 |

ÉVREUX, IMPRIMERIE DE CHARLES HÉRISSEY

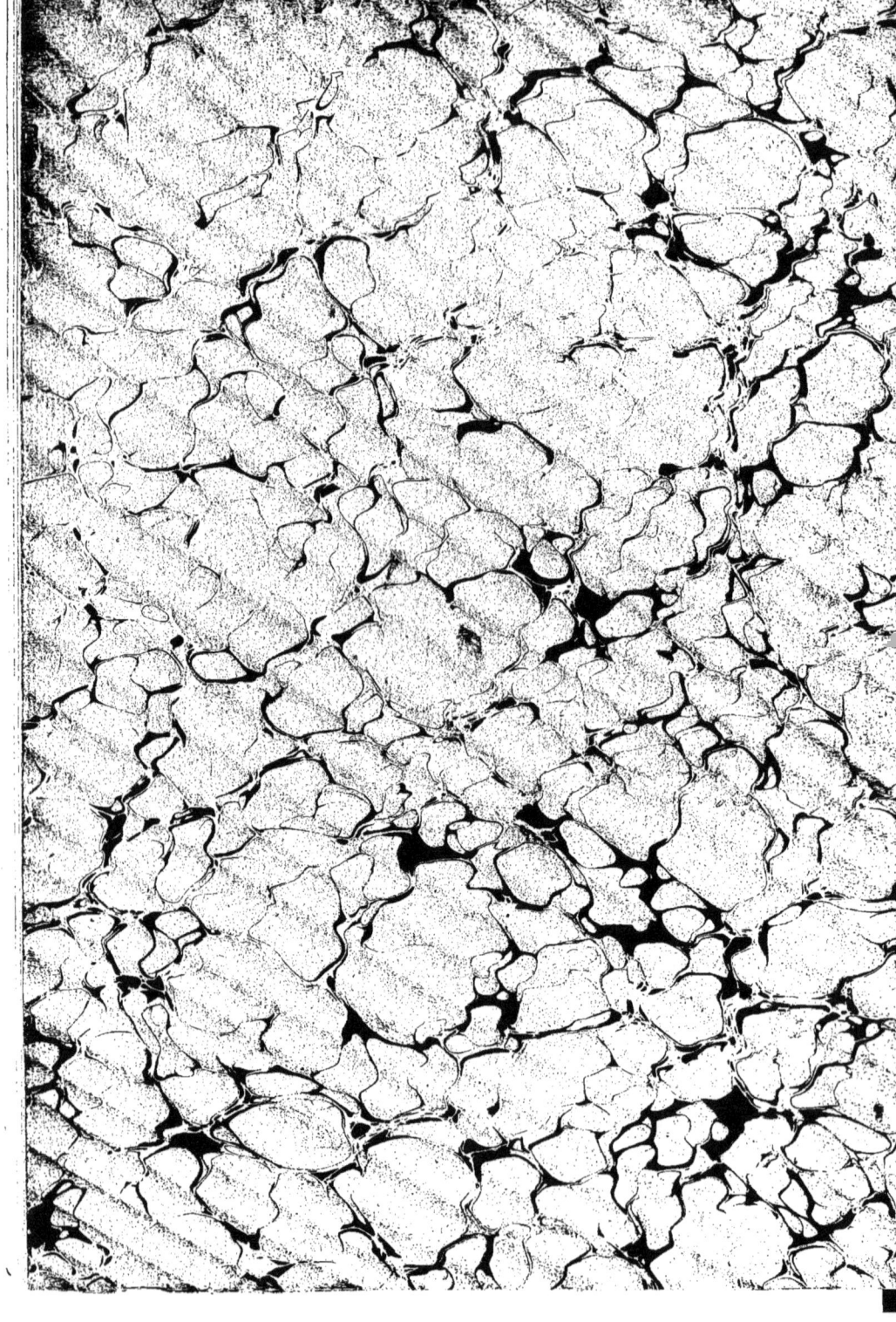

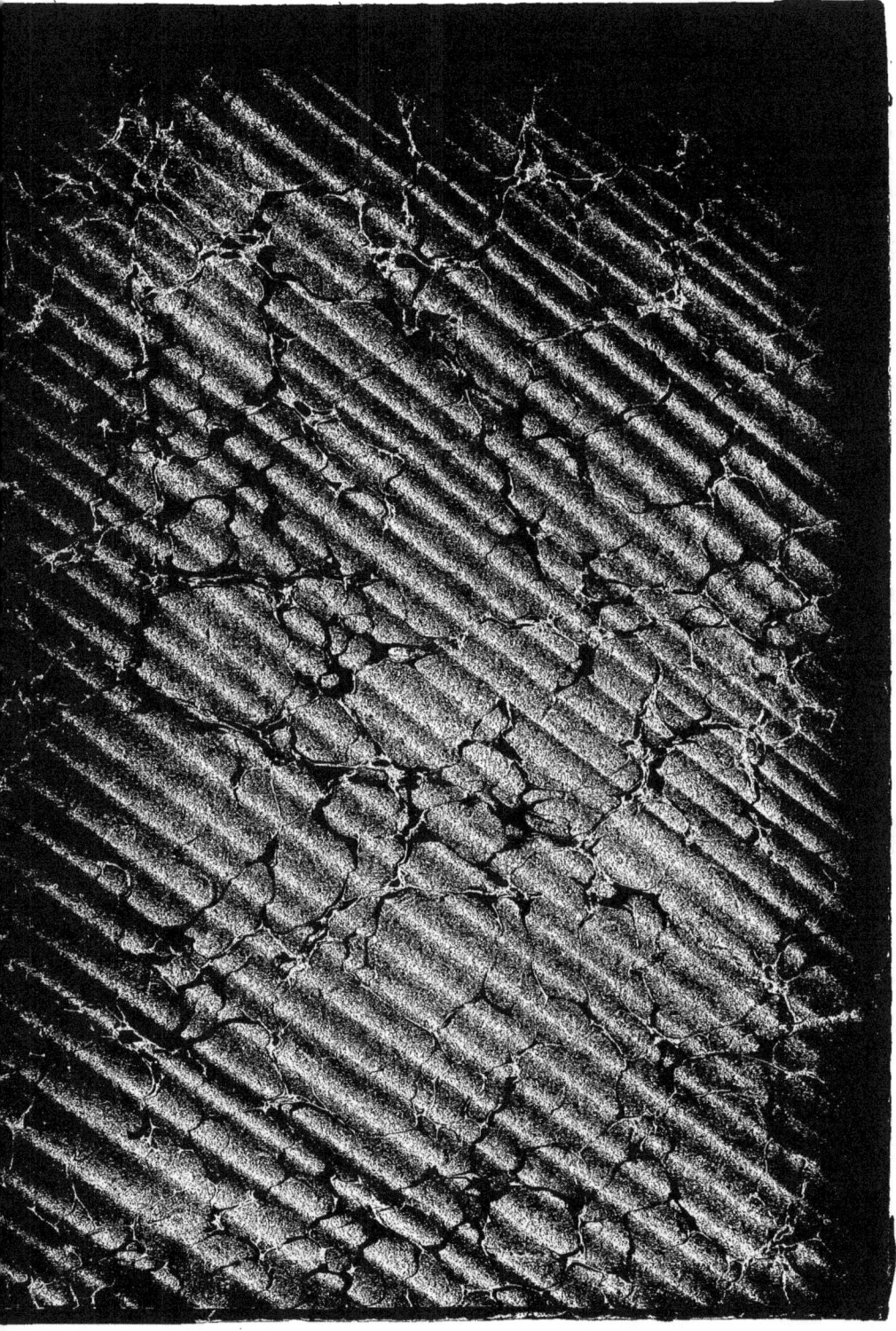

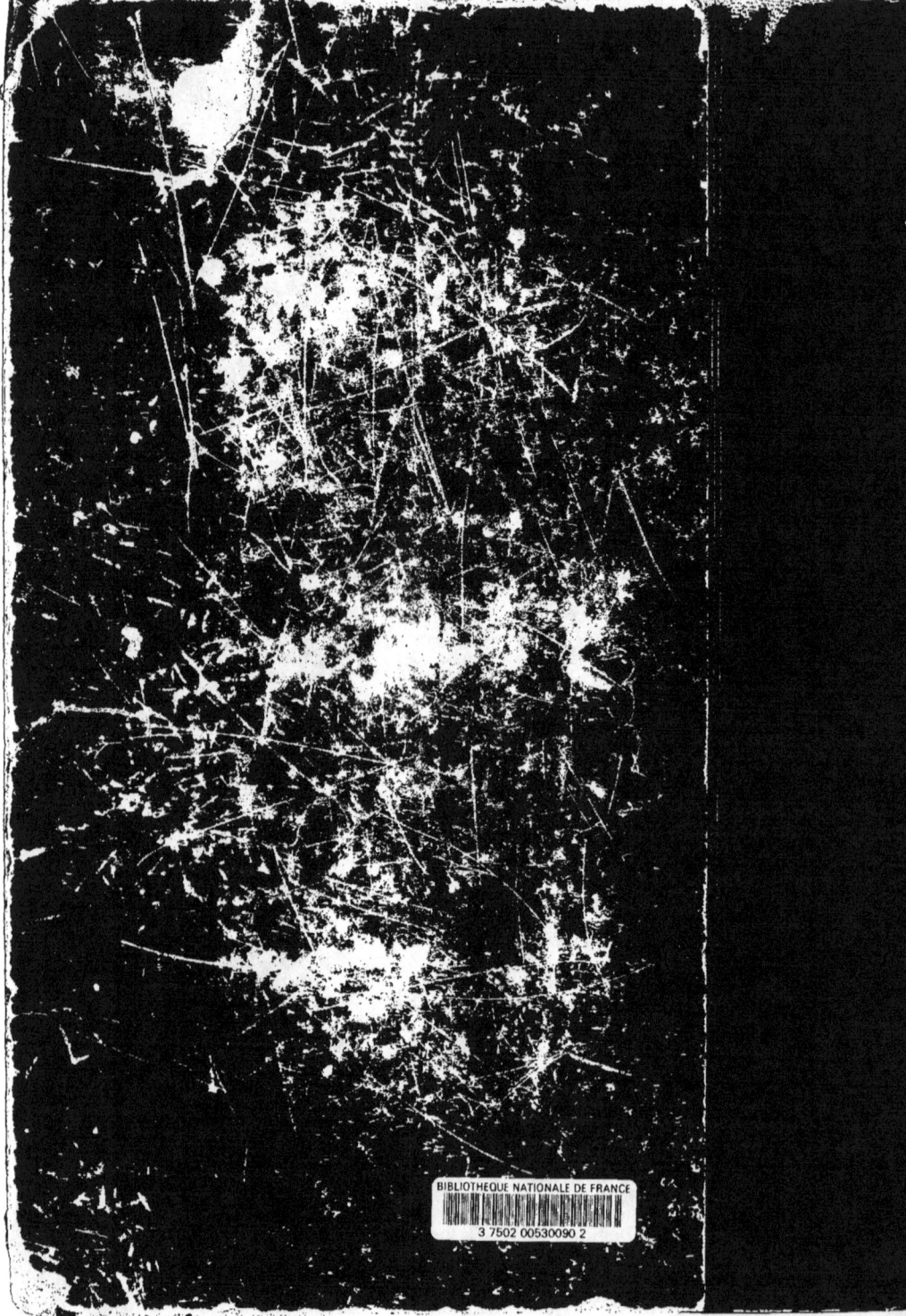